Keine Angst vor Gefühlen

von Johanna Adam und Ursula Hauer

KEINE ANGST VOR GEFÜHLEN

EIN PRAXISBUCH

VON JOHANNA ADAM UND URSULA HAUER

cap-books

MIX
Papier aus verantwortungsvollen Quellen
FSC® C014138

Bestell-Nr.: 52 50484
ISBN 978-3-86773-268-0

2. durchgesehene Auflage 2019

Oberer Garten 8
D-72221 Haiterbach-Beihingen
07456-9393-0
info@cap-music.de
www.cap-music.de

Texte: Johanna Adam, Ursula Hauer
Umschlaggestaltung: Jan Henkel (unter Verwendung eines Gemäldes von Johanna Adam)
Innenlayout, Satz: Jan Henkel
Schaubilder, Gemälde: Johanna Adam
Schaubild Angstsymptome: Benjamin Liedtke

Printed in the EU

Inhalt

Vorwort 7

Familie Typisch 9

Gefühle – Sprache der Seele 11
- Grundlagen der Gefühlssprache 15
- Grundgefühle 16
- Wie man Gefühle wahrnimmt 18
- Gefühle und ihre Lautstärke 19
- Wie entstehen Gefühle? 21
- Beantwortung alter Gefühle 24
- Wie steuert man Gefühle? 28
- Die Orchesterprobe 32
- Das ABC der Gefühle 33

Zufriedenheit 37
- Der Weg zum Ziel 43
- Achtsamkeit 44
- Dasein 46

Wut 51
- Wie Wut in Erscheinung treten kann 53
- Der Umgang mit Wut 55
- Wenn Wut Sinn ergeben soll 60
- Verbitterung oder Versöhnung? 69
- Wie geschieht Versöhnung? 71

Angst 77
- Was ist eigentlich Angst? 77
- Übliche Angstreaktionen bei aktueller Gefahr 82
- Verdrängung und ihre Mechanismen 83
- Konstruktiver Umgang mit Angst 85
- Warum Angst krank machen kann 95

Trauer 99
- Was ist Trauer? 100
- Was geschieht mit uns bei einem Verlust? 104
- Die Trauerphasen 105
- Hilfreiche Trauerrituale 110
- Trost – was ist das? 113
- Blockierte Trauer und ihre Folgen 117
- Mangelerfahrungen in der Kindheit 119
- Über das Weinen, Jammern und Klagen 120

Freude 125
- Was ist Freude? 126
- „Empfangs- und Sendefrequenzen“ für Freude 130
- Was Freude verhindert 133
- Sich freuen im Hier und Jetzt 137
- Wünsche 138

Scham 141
- Was ist der Sinn der Scham? 142
- Ungesunde Scham 147
- Entwicklung einer Ersatzidentität 150
- Schamlosigkeit 151
- Der Weg zur gesunden Scham 152
- Ent-schuldigen befreit 154

Anstelle eines Nachwortes 159

Zum Schluss 161

Vorwort

Seit fast 20 Jahren begleite ich Menschen in einem Abschnitt ihres Lebensweges. Meistens sind es Menschen, die in einer Sackgasse angekommen sind und die sich fragen, wie es weitergehen kann.

Fast immer spielt der Umgang mit Gefühlen bei der Suche nach dem Weiterkommen eine bedeutende Rolle. Sei es, dass Gefühle von den Betroffenen versteckt, verdrängt oder gar abgespalten wurden und so eine Weiterentwicklung des Menschen verhindern, oder dass Menschen von ihren Gefühlen beherrscht werden und somit eine Klarheit für den Ausweg aus ihrer Sackgasse fehlt. Das „Entdecken" der Gefühle als Botschaften ihres inneren Menschen verhilft zu neuer Erkenntnis und einem gesunden Umgang sowohl mit sich selbst als auch anderen.

In unserer Beratungspraxis bieten wir seit langer Zeit Seminare an, in denen Menschen die Sprache der Gefühle und einen lebensfördernden Umgang damit durch neue Informationen und Selbsterfahrung erlernen können. Immer wieder wurde von den Teilnehmern der Wunsch laut, das Lehr- und Übungsmaterial als Arbeitsbuch in den Händen halten zu können.

Vorliegendes Buch soll nun diesem Wunsch nachkommen.

Da es als Übungsbuch aus der Praxis entstanden ist, und als solches auch gebraucht werden darf, werden wir keine wissenschaftlichen Erörterungen und Beweise, Statistiken oder Vergleichsthesen anführen und diskutieren. Wer mehr erfahren möchte, der findet im Anhang weiterführende Literatur.

Wir hoffen, dass dieses Praxisbuch Sie neugierig auf sich selbst macht und Sie dabei unterstützt, sich und Ihre Mitmenschen besser kennenzulernen. Wir wünschen uns, dass es ein Beitrag für inneres Wachstum und gelingendes Leben in Fülle wird.

Johanna Adam

> *Mach dein Herz laut*
> *OK – in der Mitte jedes Körpers ist ein Verstärker eingebaut*
> *dreh ihn auf, du solltest besser hinhör'n, wenn er singt, klopft, schreit und haut*
> *das Beste ist immer innen drinnen*
> *Mach dein Herz laut, mach dein Herz laut, laut, laut – so laut – so laut*
> *– Michy Reincke*[1]

Dies ist der Refrain eines Liedes von Michy Reincke. Für mich fasst es sehr gut meine persönliche Erfahrung mit Gefühlen zusammen. Als Kind habe ich sehr oft erlebt, dass Gefühle, die einfach so gelebt wurden – ohne Erklärung und ohne jede Einordnung – sehr viel Schaden angerichtet haben. Also habe ich lange versucht, sehr leise zu reden, wenn es um die Sprache der Gefühle ging. Mit den Jahren habe ich allerdings entdeckt, dass mir das nicht immer entspricht. Menschen, bei denen ich so sein durfte, wie ich nun mal bin (Danke!), und vor allem auch meine Kinder (die ganz ungeahnte Gefühle in mir hervorriefen), haben mir einen ganz besonderen Sprachkurs angedeihen lassen. Ich habe gelernt, dass Gefühle sein dürfen und dass sie auch mal laut sein dürfen. (Nochmals Danke!)

Die Arbeit an diesem „Gefühle-Buch" hat mir viel Freude gemacht und ich hoffe, dass Sie als Leserinnen und Leser es als Bereicherung und Segen erleben können.

Ursula Hauer

Familie Typisch

Familie Typisch wird Sie mit ihren Erlebnissen, Gedanken und Gefühlen durch dieses Buch begleiten.

Zu dieser Familie gehören:

Michael: *40 Jahre alt, Ingenieur, Gefühle findet er immer wieder irgendwie schwierig*

Kirsten: *38 Jahre alt, Bibliothekarin, z. Z. nicht erwerbstätig und auf der Suche nach einer Wiedereinstiegsmöglichkeit in den alten Beruf oder in andere Möglichkeiten, lebt ihre Gefühle gern*

Anne: *15 Jahre alt, 9. Klasse Gymnasium, lebt im täglichen Gefühlschaos eines pubertierenden Teenagers*

Kai: *12 Jahre alt, 6. Klasse Realschule, Gefühle sind meistens kein Thema für ihn, Ausnahmen bestätigen die Regel*

Tante Lisbeth: *72 Jahre alt, die ältere Schwester von Kirstens Mutter, war früher Krankenschwester, sie überrollt immer wieder alle anderen Familienmitglieder mit ihrem verbitterten Gefühlschaos*

Konrad: *73 Jahre alt, Vater von Michael, Professor für Mathematik im Unruhestand, enttäuscht von seinem Sohn und dessen Lebensentwurf*

Gerd: *41 Jahre alt, Studienfreund von Michael, Informatiker, er ist verheiratet und hat eine 18jährige Tochter, er findet Gefühle interessant, versteht aber die Gefühle seiner Mitmenschen nicht immer*

Durch Familie Typisch werden Sie Gefühle in vielen Alltagssituationen kennen lernen. Dazu gibt es in diesem Buch dann noch viele Informationen, Fragen und Übungen. Das Bild der „Sprache der Seele" wird dabei aufzeigen, wie Gefühle entstehen, wie sie aufgebaut sind und was sie uns mitteilen wollen. Darüber hinaus finden Sie auch andere Bilder und Vergleiche, die Ihnen den Zugang zu Gefühlen erleichtern sollen. Nehmen Sie sich Zeit für diese verschiedenen Angebote und nutzen Sie das, was Ihnen hilfreich ist. Lesen Sie einzelne Kapitel ruhig öfter. Manchmal brauchen wir eine eigene passende Situation, um Zusammenhänge richtig einordnen zu können. Und sprechen Sie mit Freunden und Freundinnen, Bekannten, Familienmitgliedern und Kollegen und Kolleginnen darüber. Das macht nicht nur Spaß, sondern erhöht auch den Erkenntnisgewinn.

Gefühle – Sprache der Seele

Michael ist auf dem Weg nach Hause. Es war ein anstrengender Tag. Er hatte Ärger mit seinem Chef und sein Kollege hat wieder diese dummen Witze über ihn als biederen Familienvater und Hausbauer gemacht. Das braucht er gerade gar nicht. So kurz vor der Haustür merkt er, dass er heute eigentlich keine Lust auf Abendessen im Kreise der Familie hat. Seine Frau Kirsten kümmert sich mit Hingabe um alles und er fühlt sich dann verpflichtet dankbar zu sein, obwohl ihm gar nicht nach so einem aufwendigen Abendessen ist. Und dann hat sie die ganze Zeit trotzdem so einen traurigen Blick. Ist wohl wegen der Kinder. Kai spricht zurzeit gar nicht mehr und seine Schulnoten gehen in den Keller. Und Anne gleicht einer Tretmine. Man weiß nie, wie sie auf was reagiert, launisch bis zum Anschlag, ein Gefühlsausbruch nach dem anderen. Ohne dieses ganze Gefühlsgetue wäre das Leben doch viel einfacher, oder nicht? Michael schüttelt den Kopf und schließt die Tür auf. „Hallo Schatz, wie war dein Tag?", ruft ihm die glockenhelle Stimme seiner Frau entgegen. Er setzt ein gequältes Lächeln auf und geht in die Küche ...

Ohne dieses ganze Gefühlsgetue wäre das Leben doch viel einfacher, oder nicht? Sicherlich gäbe es viel weniger Missverständnisse, weniger Konflikte, weniger Gewalt. Wir würden einfach das tun, was dran ist. Das reine Denken, die reine Logik wären wohl für manchen ein erstrebenswerter Zustand.

Aber eigentlich wäre das doch sehr armselig. Leben ganz ohne Gefühle wäre nicht unser Leben.

Schon vom ersten Moment unseres Lebens an haben wir Gefühle. Sie sind wichtig für uns, sie tun uns gut und helfen uns, im Leben zurecht zu kommen. Gefühle sind ein gutes Potenzial, das unser Leben bereichern kann.

Dieses Praxisbuch soll dazu dienen, zu verstehen, was Gefühle sind, wie sie „funktionieren" und wie wir angemessen mit ihnen umgehen können – mit eigenen Gefühlen und mit den Gefühlen anderer.

In dem kurzen Abschnitt über Michael Typisch gab es schon mehrere Gefühle zu entdecken: Ärger und Trauer zum Beispiel. Und außerdem eine ganze Menge Gefühle, die auf Anhieb gar nicht so einfach zu benennen sind.

Was ist also überhaupt ein Gefühl?

Für Gefühle bzw. Emotionen gibt es eine Menge an Definitionen, die wir als Autorinnen aber den Lesern an dieser Stelle ersparen möchten.

Wir möchten in diesem Buch Gefühle unter folgender Definition betrachten:

Ein Gefühl ist eine momentane Seelenbewegung, die durch einen Anlass ausgelöst wurde und zum Ausdruck bringen möchte, was im Inneren des Menschen gerade vor sich geht und was die Seele braucht. Gefühle sind die Sprache der Seele, sie vermitteln Botschaften. Diese Botschaften erleben wir als körperliche Empfindung, gedankliche Vorstellung, willentliche Absicht oder Folgehandlung.

Das darf man ruhig mehrmals lesen, also nochmals:

Ein Gefühl ist eine momentane Seelenbewegung, die ausdrückt, was in der Seele gerade vor sich geht und was die Seele braucht, das heißt, Gefühle sind die Sprache der Seele.

„Bewegen“ heißt in der lateinischen Sprache „movere“. Setzt man davor noch das Wort „ex“ (dt.: „heraus“), so kann man gut verstehen, weshalb das Wort „Emotion“ die Bedeutung „Gefühl“ besitzt, es ist ein Herausbewegen von Informationen aus unserer Seele.

Wozu haben wir als Menschen überhaupt Gefühle?

Wir empfinden Gefühle, damit wir wissen, was in unserem Inneren los ist. Heute geht man davon aus, dass Erfolg und Wohlbefinden nur zu 20% von dem IQ (Intelligenzquotient), aber zu 80% von einem guten EQ (Emotionsquotient) abhängen.

Das bedeutet, wer mit seinen Gefühlen so umzugehen lernt, dass er mit ihnen seine innere Zufriedenheit steuern kann, der wird im Leben besser zurechtkommen.

Kognitive Fähigkeiten werden an Schulen und Universitäten bestens trainiert, aber das Wissen über den Umgang mit Gefühlen kommt leider mehr als zu kurz.

Manchmal wird das Leben mit Gefühlen mühsam. Dabei kann es zu sehr unterschiedlichen Schwierigkeiten kommen:

- Es fehlt uns an Worten für die Gefühle: Wir können oft gar nicht mit Worten benennen, was wir fühlen.
- Oder wir verwechseln Gefühle oft mit Beschreibungen, Vermutungen, körperlichen Empfindungen oder Eindrücken, weil wir kein bzw. ein falsches Wissen über die Gefühle haben.
- Oder wir schämen uns, Gefühle zu zeigen, wir haben Angst vor Gefühlen. Sehr oft deshalb, weil wir schlechte Erfahrungen mit Gefühlsbekundungen gemacht haben.
- Manchmal haben wir auch keinen Zugang mehr zu unseren Gefühlen. Wir haben sie verdrängt oder abgespalten, weil sie zu schmerzlich waren.

Diese Schwierigkeiten können überwunden werden. Und es lohnt sich, für einen Zuwachs an innerer Lebendigkeit und Selbsterkenntnis daran zu arbeiten.

FRAGEN:

- An was denke ich beim Wort „Gefühle“?
- Welche Gefühle mag ich nicht, bei mir und bei anderen?
- Welche Gefühle mag ich?
- Habe ich manchmal Angst vor Gefühlen?

Michael und Gerd haben sich auf ein Bier verabredet. Das machen sie in unregelmäßigen Abständen, wenn die Arbeit und die Familien Zeit dafür lassen. Michael erzählt vom Job und dass er die emotionalen Ansprüche seiner Familie auch immer wieder anstrengend findet. Gerd nickt und dreht sein Bierglas immer wieder hin und her. Er erzählt dann von seiner 18jährigen Tochter, die nach einer heftigen Pubertätsphase so langsam etwas ausgeglichener wird und nun realistische Zukunftspläne macht. Michael und Gerd sind sich einig: Gefühle sind schon oft schwierig einzuordnen, insbesondere bei Frauen. Dagegen ist so ein Männerabend beim Bier und mit recht unaufgeregten Themen immer wieder richtig entspannend. Der Abend plätschert so dahin. Es werden weitere Themen gestreift: die Urlaubsplanung, der Tabellenstand der Fußballbundesliga und das neue Traumauto. Auf dem Heimweg sind sich beide einig, dass sie nicht wieder so lange bis zum nächsten „Männerabend“ warten wollen.

Später im Bett denkt Michael noch mal drüber nach, warum die Gespräche mit Gerd so anders sind als mit seiner Frau Kirsten. Und das, obwohl sie doch heute Abend auch die ganze Zeit über ihre Gefühle geredet haben. Er schüttelt den Kopf, dreht sich auf die Seite und kurze Zeit später ist er auch schon eingeschlafen.

Wir haben prinzipiell sehr unterschiedliche Möglichkeiten, mit unseren Gefühlen umzugehen:

- Da gibt es **die Achtsamkeit:** Wir nehmen unsere Stimmungen und Gefühle konkret wahr und können dadurch unsere Persönlichkeit angemessen entfalten und stützen.

- Da gibt es **die Überflutung:** Es ist keine achtsame Wahrnehmung mehr möglich. Wir sind vollkommen überwältigt oder verlieren uns in der Emotion.

- Da gibt es **das passive Hinnehmen:** Die konkrete Wahrnehmung ist durchaus vorhanden, aber es gibt keine Auseinandersetzung damit. Wir geben uns den Stimmungen und Gefühlen hin, ohne jeglichen Versuch, etwas konstruktiv zu verändern.

- Und schließlich gibt es noch **das Verdrängen oder Abspalten:** Sind Gefühle zu unangenehm oder gar schmerzhaft, neigen wir dazu, sie zu verdrängen oder abzuspalten.

Den Zustand der Achtsamkeit empfinden die meisten Menschen als sehr angenehm. Diesen Zustand immer öfter zu erreichen – das kann man trainieren.

Lassen Sie sich also nun auf einen Sprachkurs in „Gefühle“ ein. Das Training umfasst Grundlagen der Grammatik und das Erlernen eines Grundwortschatzes. Übersetzungshilfe wird bei Bedarf geleistet.

Zu diesem Sprachkurs gehört:

- die eigenen Gefühle kennen und benennen können

- die eigenen Gefühle zu wichtigen Entscheidungen mit einbeziehen können

- das eigene Gefühlsleben bewältigen zu können, ohne dabei den Boden unter den Füßen zu verlieren oder durch Angst oder Trauer handlungsunfähig oder durch Wut überflutet zu werden

- die Gefühle anderer erfassen und ggf. ansprechen können

FRAGEN:

- Wozu neige ich mehr: dazu, meine Gefühle zu vermeiden oder dazu, ihnen den Lauf zu lassen?
- Welches Gefühlsverhalten stört mich bei meinen Mitmenschen mehr?
- Welches Gefühl interessiert mich am meisten?

Grundlagen der Gefühlssprache

Jede Sprache setzt sich aus einem Grund- und Aufbauwortschatz zusammen. Kennt man den Grundwortschatz einer fremden Sprache, so kann man sich in dem Land, in dem diese Sprache gesprochen wird, schon recht gut verständigen.

Auch in der Sprache der Gefühle haben wir sogenannte „Grundgefühle“, die wir im Laufe der ersten Lebensjahre üblicherweise kennenlernen. Je mehr wir den Umgang mit den Grundgefühlen einüben und bewusst damit leben, desto besser werden wir die Sprache sprechen können.

Als Säugling erleben wir, ob etwas angenehm oder unangenehm ist. Wir erleben Zufriedenheit oder Unzufriedenheit. Dass diese Zustände so heißen, wissen wir noch nicht, wir erleben sie einfach. Im Laufe der Kleinkinderzeit bis ins Schulalter lernen wir dann, die Gefühle genauer auszudifferenzieren. Wir spüren das Unangenehme als Wut, Trauer oder Angst, das Angenehme dagegen als Freude. Und wenn alles im grünen Bereich ist, spüren wir den inneren Frieden und die Zufriedenheit.

Wenn unsere Fürsorgepersonen die Namen für diese speziellen Empfindungen nennen oder wir sie aus irgendwelchen anderen Quellen erschließen können (Bilderbücher, Geschichten, ...), dann können wir diesem Erleben einen Namen geben. Wir lernen, dass dieser eine Zustand „wütend“ heißt und jener andere Zustand „traurig“ usw.

Erklären uns unsere Fürsorgepersonen auch noch, wie wir mit diesen Empfindungen klarkommen, so dass wir innerlich zufrieden sind, dann haben wir bereits das Fundament für einen guten Umgang mit den Gefühlen.

Leider kommt es immer wieder vor, dass Fürsorgepersonen dieser Aufgabe nicht nachkommen können und wir als Erwachsene noch einmal gefragt sind, die Gefühlssprache neu zu erlernen.

Grundgefühle

Zu dem Grundwortschatz gehören die Gefühle: Angst, Wut, Trauer, Freude und Zufriedenheit. Hinter diesen Gefühlen verbergen sich ganz bestimmte Botschaften. Diese Botschaften können als Aussage, als dringende Bitte oder als (An-)Frage empfunden werden. Sie können sehr ausdauernd sein: Unsere Gefühle entwickeln sich und bleiben so lange in uns präsent, bis wir die Botschaft der Seele verstanden und beantwortet haben.

Daher ist es notwendig zu wissen, wonach jedes Grundgefühl verlangt, wenn es sich zeigt, nämlich:

- Angst sucht Schutz und Sicherheit
- Wut sucht eine Lösung, Wiedergutmachung oder Versöhnung
- Trauer sucht Trost und Zuwendung
- Freude sucht die Mitfreude
- Zufriedenheit benötigt nichts, sie ist im Frieden, sie ist pures Da-Sein

ÜBUNG 1:

Nehmen Sie sich einmal aufmerksam wahr: Sind Sie jetzt im Moment zufrieden oder unzufrieden? Es ist beides ok! Ihre Seele gibt Ihnen einfach eine Information über ihren Zustand.

ÜBUNG 2:

Nehmen Sie sich etwas Zeit und versuchen Sie sich in folgende Gefühle nacheinander einzufühlen:

- Zufriedenheit
- Wut
- Trauer
- Angst
- Freude

Rufen Sie dafür jeweils eine Erinnerung ab, die stark mit einem dieser Gefühle verbunden ist. Schließen Sie, wenn Sie möchten dazu die Augen. Nach jedem Gefühlserleben gehen sie einige Schritte und schütteln Arme und Beine aus.

Welche Gefühle waren einfach zu erleben, welche schwieriger? Welche waren eher vertraut, welche eher fremd?

Wenn Sie mit dieser Übung Schwierigkeiten haben, ist das nicht ungewöhnlich. Sie sind ganz am Anfang des Gefühle-Sprachkurses in diesem Buch.

Wie man Gefühle wahrnimmt

Wir können die Gefühle unserer Mitmenschen mithilfe unserer Sinnesorgane als Gefühlsausdruck wahrnehmen. Unser Gesichtsausdruck, unsere Mimik, Gestik, Körperhaltung, Sprachmelodie, unsere Körperspannung, Körperenergie ... können uns darauf hinweisen, was unsere Gegenüber gerade fühlen.

Jedes Grundgefühl hat einen ganz speziellen Ausdruck. Diesen Ausdruck können wir auch bei uns selbst wahrnehmen.

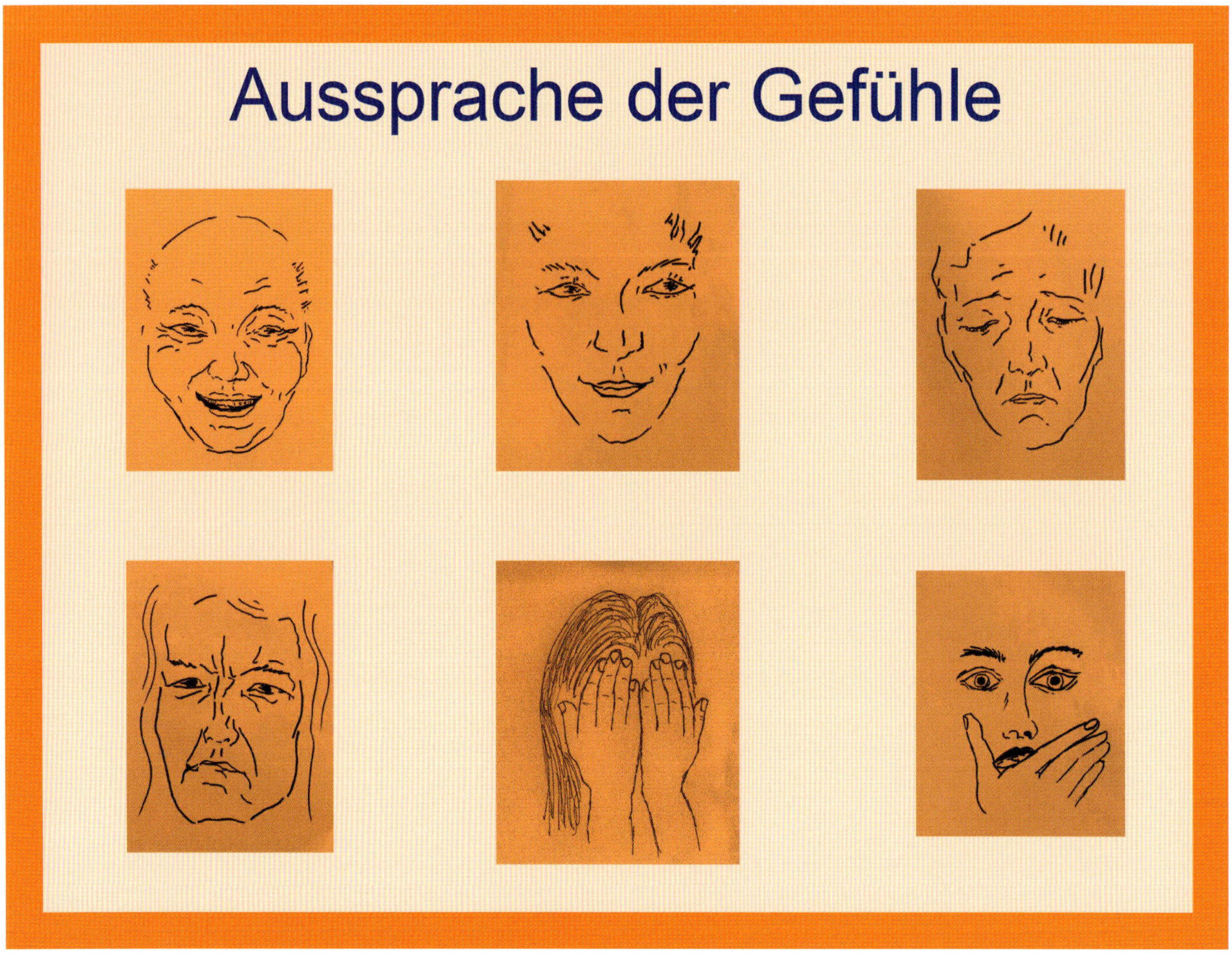

Gefühle und ihre Lautstärke

„Heute ist nicht mein Tag!" Kirsten weiß schon gar nicht mehr, wie oft sie diesen Satz heute schon gesagt oder zumindest gedacht hat. Sie ist einfach schlecht drauf und nichts scheint zu gelingen. Dabei ist noch nicht mal Montag oder November oder Vollmond, und ihre Periode hat sie auch nicht. Also nichts, worauf man es schieben könnte. Heute Abend würde sie früh ins Bett gehen und sich mal wieder ordentlich ausschlafen. Morgen wird ein neuer Tag mit neuen Chancen und besserer Stimmung.

Gefühle und ihre Lautstärke

Stimmung, leises unterschwelliges Gefühl	Gefühl, Seelenbewegung	Affekt, lautes deutlich erkennbares Gefühl
ausgeglichen	Zufriedenheit	-
fröhlich, heiter	Freude	Ekstase
unsicher, ängstlich	Angst	Panikattacke
unzufrieden	Wut	Explosion, Gewaltakt
niedergeschlagen	Trauer	Suizid

Unsere Stimmung ist ein anhaltendes Gefühl, das oft nicht bewusst wahrnehmbar ist, aber den atmosphärischen Hintergrund unseres Seelenlebens bildet. Wir sind ständig auf ein bestimmtes Grundgefühl eingestimmt, das vorwiegend unsere Seele bewohnt. Geprägt wird die Stimmung hauptsächlich von dem Gefühlserleben unserer Vergangenheit. Unsere Stimmung ist jedoch veränderbar und kann sehr stark von außen beeinflusst werden. Stimmungen sind ansteckend.

So wie die Stimmung unser emotionales Grundlevel bezeichnet, so bezeichnen wir Gefühle, die das gesunde Maß übersteigen als Affekt. Wir kennen diesen Begriff meistens nur noch aus der juristischen Sprache. Ein Verbrechen, das im Affekt begangen wurde, wird geringer bestraft als ein genau überlegtes. Im Affekt sind wir nicht mehr in der Lage, unser emotional verursachtes Verhalten rational zu kontrollieren.

Ein Affekt ist eine intensive und heftige Gefühlsregung, bei der meist die logisch arbeitende Seite des Gehirns, unser Verstand ausgeschaltet ist. Dabei entladen sich angestaute Gefühle. Eine körperliche Reaktion ist in der Regel daran gekoppelt. Die Wahrnehmung eines affektierten Menschen ist verzerrt.

FRAGEN:

- Welche Grundstimmung habe ich am ehesten? Ängstlich, zufrieden, heiter, traurig, leicht wütend ...? Bin ich damit zufrieden? Würde ich das gern ändern?
- Welche Grundstimmungen kenne ich bei meinen Familienmitgliedern und Bekannten?
- Habe ich das schon einmal erlebt, dass ich oder jemand anders total von einem Gefühl beherrscht wurde? Macht mir das Angst?

Wie entstehen Gefühle?

Kai ist immer noch etwas verwirrt. Sie hatten heute in Religion einen Film gezeigt bekommen. Wenn er nur daran denkt, wird ihm schon wieder komisch. Es ging um Armut in der Dritten Welt. Da waren schon heftige Bilder drin, aber auch nicht schlimmer als in den Nachrichten im Fernsehen. Allerdings bei der Geschichte von einem kleinen kranken Jungen, da hatte er plötzlich so einen Kloß im Hals und seine Augen wurden feucht. Fast hätte er geweint. Das ist doch wohl unmöglich! Er ist doch schließlich kein kleiner Junge mehr. Weinen ist doch was für Babys und Mädchen. Was war das? Wo kam das her? Solche sonderbaren Gefühlsverwirrungen konnte er ja nun gar nicht brauchen, echt peinlich.

Nun wurde bereits ein wenig erläutert, was Gefühle sind und wozu sie da sind. Aber wie entstehen sie eigentlich? Kann man das überhaupt erklären, oder ist das so ein unkonkreter Bereich in unserem Innern irgendwo?

Auch wenn wir uns als aktive und offensive Persönlichkeit ansehen, sind wir doch eigentlich immer in einer Art Re-Aktion. Wir reagieren auf Situationen und Umstände, die uns von außen betreffen. Und noch viel öfter reagieren wir auf innere Erlebnisse: Gedanken, Gefühle, Träume usw.

Diese inneren oder äußeren Ereignisse werden von uns bewertet.

Das geschieht folgendermaßen: Aktuelle Ereignisse nehmen wir über unsere Sinnesorgane wahr. Die Sinneseindrücke treffen in unserem Großhirn (graue Substanz) ein. Dort werden sie anhand unserer erlebten Erfahrungen (eine Art innerer Zensor, eine beurteilende, bewertende Instanz) wie „abgescannt" und daraufhin eingeordnet. Dazu nutzen wir alles, was wir wissen und was wir bisher erlebt haben. Unsere Erfahrungen und Prägungen steuern, ob wir etwas als bedrohlich, verletzend, als Verlust oder beglückend empfinden. Diese Bewertung löst das dazugehörige Grundgefühl Angst, Wut, Trauer oder Freude aus. Bewertung und Gefühl bestimmen dann unser Verhalten, also wie wir auf das Ereignis reagieren.

Sollte der „Zensor" melden, dass alles „im grünen Bereich" ist, kommt auch keine Seelenbewegung, sprich keine Emotion, zustande, wir bleiben im Frieden. Wir empfinden Zufriedenheit und brauchen nicht zu reagieren.

Viel öfters, und meistens sogar unbewusst, reagieren wir auf inneres Erleben. Erinnerungen lassen unseren „Zensor" durch innere Bilder und Worte ständig aktiv sein. Vorstellungen, die wir durch unsere Fantasie wiederum in Bildern und Worten heraufbeschwören, sorgen dafür, dass er nicht arbeitslos wird. In Zeiten der Ruhe, vor allem nachts, merken wir am deutlichsten, dass unsere Innenwelt genauso bewältigt werden will, wie das, was wir um uns herum erleben.

Manchmal kann es geschehen, dass wir blitzartig durch einen Auslösereiz in der Gegenwart (Sinnesreiz wie z. B. der Geruch eines bestimmten Gegenstandes, den wir sehen) an ein Erlebnis aus der Vergangenheit erinnert werden.

Je nachdem, wie wir das Erlebnis wahrgenommen haben, kann so eine Intrusion (aus dem Gedächtnis einschließendes Erlebnis) als ein beglückendes Déjà-vu oder als eine erschreckende Retraumatisierung erlebt werden.

Da unser Zensor auf unsere Innenwelt genauso reagiert wie auf die Außenwelt, wird deutlich, wie wichtig es ist, zwischen dem

„Hier und Jetzt" der Außenwelt,

dem „Schon vorbei" der Vergangenheit

und dem „Noch nicht eingetroffen oder nie Eintreffen" der Zukunft

zu unterscheiden.

Gefühle, die in der Vergangenheit nicht beantwortet werden konnten, verschwinden nicht einfach. Wird nicht auf die Gefühle reagiert, verbleiben sie in uns, in Form von Verdrängungen oder Abspaltungen. Gefühle können nicht selektiv verdrängt werden. Die unangenehmen, verdrängten Gefühle nehmen auch die angenehmen mit sich. Unser Inneres wird dann immer gefühlsärmer bzw. gefühlskälter.

Diese verdrängten Gefühle explodieren manchmal, eben durch Auslösereize (s. o.), wie Tretminen, obwohl sie mit der gegenwärtigen Situation gar nichts zu tun haben. Wir wundern uns dann manchmal, weshalb wir z. B. Angst empfinden, obwohl unser Verstand uns sagt, dass es dafür gar keinen Grund gibt.

Gehen wir den Ursachen dieser „alten" Gefühle nach, werden wir häufig mit unseren Kindheitserfahrungen in Kontakt kommen. Manchmal fühlen wir uns sogar, als ob wir in diesem Moment innerlich noch dieses Kind seien. In der Psychologie spricht man in diesem Zusammenhang auch vom „inneren Kind“.

Das Kind, das wir damals waren und das in seinem Gefühlserleben alleine gelassen wurde (deshalb musste es ja die Gefühle verdrängen), gibt es natürlich nicht mehr. Aber wir erleben eine Zeitgleichheit von dem damaligen kindlichen Empfinden und unserem Erwachsensein. Das kann manchmal große Verwirrung stiften. Gehen wir jedoch auf dieses kindliche Erleben in gesunder erwachsener Verantwortung ein, kann dieses „innere Kind“ versorgt werden und seine Gefühle können heute zu einer Zufriedenheit kommen.

Gesunder Umgang mit Gefühlen kann nur in der Gegenwart stattfinden

Voraussetzungen dazu sind:

- Ich erlaube mir zu fühlen
- Ich nehme das Gefühl wahr und lerne es einzuordnen
- Ich erkenne die Botschaft der Seele und was sie braucht
- Ich frage mich: Stammt die Botschaft aus der Vergangenheit oder aus der Gegenwart – oder aus einer vorgestellten Zukunft?
- Und weiter: Liegt ein Bedürfnis der verletzten kindlichen Seele oder des Erwachsenen vor?
- Ich gehe auf das Bedürfnis konstruktiv ein (Training)

Beantwortung alter Gefühle

Kirsten sieht ihrem Sohn Kai zu, wie er mit seinen Hausaufgaben kämpft. Kai hat sich mit Buch und Heft auf die Terrasse gesetzt, aber das scheint die Motivation nicht wirklich zu verbessern. Immer wieder hört sie ihn seufzen und schimpfen. Sie ist hin und her gerissen: Soll sie hingehen und ihn ermutigen? Oder ihm helfen? Oder soll sie ihn lieber ganz in Ruhe lassen und sich anderswo eine Beschäftigung suchen?

Kai kämpft gerade mit vielen Gegnern: hohe Anforderungen in der Schule, blöde Klassenkameraden und manchmal wohl am meisten mit sich selbst. Kein Wunder mit 12 Jahren. Kirsten erinnert sich gut an ihr eigenes Lebensgefühl, damals frisch auf der Realschule. Das Leben war schwierig und sie war fast nirgends richtig entspannt. Es passiert ihr heute noch, dass sie nachts davon träumt, dass sie zu spät zum Unterricht kommt, sich nicht auf eine Klassenarbeit vorbereitet hat und ähnliche Schulkatastrophen. Dann wird sie immer wieder vor der ganzen Klasse von ihrem damaligen Klassenlehrer heruntergemacht. Wenn sie nach solchen Träumen aufwacht, fühlt sie sich immer noch einige Minuten lang so, als wäre sie 12. Dass so alte Geschichten noch so viel Einfluss haben können.

Wenn unsere alten, kindlichen Gefühle sich noch so deutlich zeigen, brauchen sie immer noch eine Beantwortung. (Gefühle sind hartnäckig!) Der erste Schritt ist, sich selbst die Erlaubnis zu geben, dass diese kindlichen Empfindungen auch heute noch da sein dürfen. (Und das ohne sich darüber aufzuregen – denn das haben früher vielleicht die Fürsorgepersonen getan?) Dann sollten wir wahrnehmen, welches Gefühl uns da überhaupt beschäftigt. Denn erst, wenn wir das Gefühl und dessen Botschaft kennen, können wir auch angemessen darauf reagieren. Unser inneres Kind erlebt auch alle Grundgefühle, d. h. manchmal können wir in uns kindliche Trauer, Trotz, Einsamkeit, Wut, Freude, Angst, ... erleben. Durch das Gefühl sagt uns unser Innerstes, was es nun bräuchte. Unser Teil als Erwachsener ist es jetzt, darauf einzugehen, damit das Gefühl nicht weiter unbeantwortet bleibt.

Je nachdem, wie alt wir uns beim Empfinden des „alten“ Gefühls erleben, kann das innere Kind jede Altersstufe annehmen. Wir haben es manchmal mit einem pubertierenden Teenager, einem Kleinkind, einem Schulkind oder jungen Erwachsenen zu tun, je nachdem, welche Situation in der Vergangenheit durch den Auslösereiz aus unserer Erinnerung ins Bewusstsein hochgekommen ist. Insofern kann es mehrere „innere Kinder“ in uns geben.

Das „innere Kind“ wird Ihnen in diesem Buch noch öfter begegnen. Sie werden ein erweitertes Konzept kennen lernen, das unter dieser Bezeichnung in vielen Variationen Eingang in die Psychotherapie gefunden hat. Es ist ein Verfahren, mit dem Sie zu einem selbstständigen Umgang mit Ihren „alten“ Gefühlen gelangen können. Lassen Sie sich einfach darauf ein – vielleicht mit einer etwas spielerischen, „kindlichen“ Neugier. Die Übungen oder Informationen zum „inneren Kind“ in diesem Buch erkennen Sie an diesem Bild.

Eine ausführliche und grundsätzliche Übung zum „inneren Kind“ finden Sie am Ende des Kapitels über die Angst.

Kirsten hat – ohne, dass es ihr wirklich bewusst ist – schon einen angemessenen Umgang mit den unangenehmen Träumen aus ihrer Schulzeit gefunden. Sie weiß mittlerweile, dass sie solche Szenen träumt, wenn sie im Stress ist oder irgendwie überfordert. Der Traum und die unangenehmen Gefühle sind eine Möglichkeit ihrer Seele, sie auf eine Überforderung aufmerksam zu machen. Sie nimmt das wahr und versucht mehr Entspannung einzubauen.

Gefühle aus der Vergangenheit mischen sich häufig – weil unbewusst – mit denen aus unserer Gegenwart und verursachen dadurch Schwierigkeiten. Denn kindliche Verhaltensmuster, die uns früher halfen, unsere Gefühle in den Griff zu bekommen und schwierige Situationen zu meistern, sind heute oft nicht mehr hilfreich. Sie können einschränkend oder sogar blockierend wirken.

Gefühle sollen uns grundsätzlich dazu verhelfen, in der Gegenwart ein erfülltes Leben zu leben. Dazu gehört auch eine sinnvolle Zukunftsplanung, bei der wir unseren erwachsenen, gesunden Menschenverstand einsetzen. Werden wir jedoch hauptsächlich von – noch unbewussten – „alten" Gefühlen aus der Vergangenheit in unserer Lebensplanung geleitet, kann das dazu führen, dass diese unverarbeiteten „alten" Gefühle unser Leben regieren. Ängste steuern dann unsere Entscheidungen, Trauer absorbiert unser Dasein, Wut zerstört unsere Beziehungen, ...

Deshalb ist es so enorm wichtig, „alte Gefühle" zu beantworten und für unsere „inneren Kinder" zu sorgen.

Unsere „alten" Gefühle entstammen der Innenwelt, ebenso wie unsere Gefühle, die entstehen, wenn wir uns die noch nicht eingetroffene Zukunft vorstellen.

Weil wir ständig mit Reizen von innen und außen konfrontiert sind, fühlen wir auch ständig. Nur ist uns dieser Vorgang nicht immer bewusst. Das ist auch gut so, denn sonst wären wir permanent überfordert.

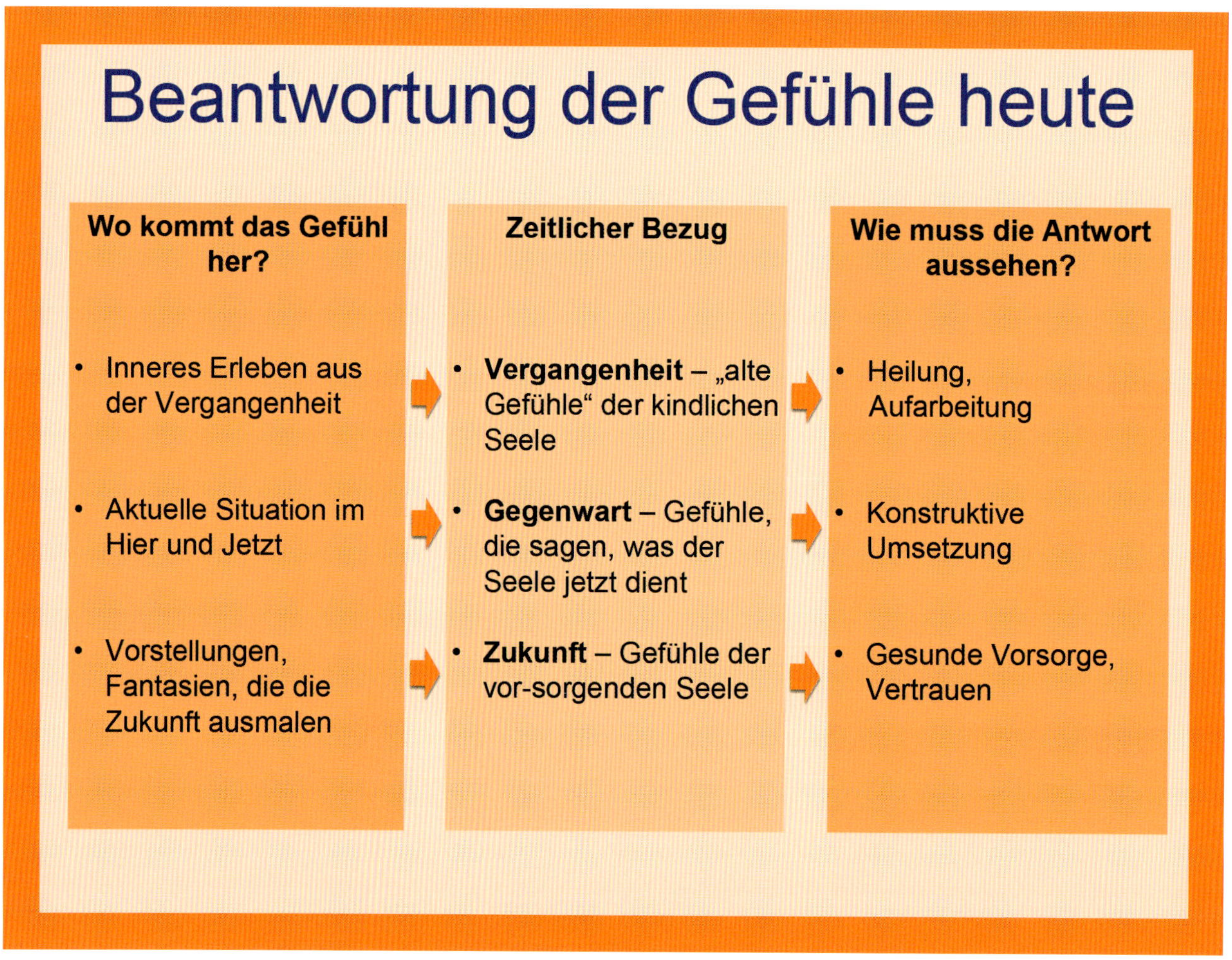

Spätestens wenn Gefühle „stören", dann sollten wir auf die E-motion re-agieren. Wir können für unsere Seele tatsächlich sorgen, aber nur in der Gegenwart.

Die Vergangenheit ist vergangen. Die Situationen von damals können wir nicht mehr verändern, aber sie leben in Form unserer „inneren Kinder" noch in uns und benötigt eine Aufarbeitung im Hier und Jetzt.

Die Zukunft ist noch nicht eingetroffen. Wir können sie also noch nicht bearbeiten, auch nicht, wenn wir uns ständig ängstigen. Hier macht eine gesunde Vorsorge Sinn, die wir nicht den „inneren Kindern" überlassen sollten.

Wie steuert man Gefühle?

Anne liest die Zeitung – genauer: sie blättert ein wenig darin. Sie weiß gar nicht, warum sie diese altmodische Version der Nachrichtenverbreitung überhaupt noch nutzt, aber die Zeitung lag halt so auf dem Tisch herum. Da bleibt sie an einem Bericht hängen. „Das ist ja voll krass!", denkt sie. In einer Schule in den USA, die den gleichen Namen hat wie ihre eigene, gab es wieder so einen Amoklauf. Ein Schüler hat einfach so herumgeballert und mehrere Lehrer verletzt. Es wurde niemand getötet, aber die Schüler sind natürlich geschockt. Anne wird nachdenklich: „Wie ist so etwas eigentlich möglich? Wie kann jemand so ausrasten? Der Schüler war noch nicht einmal betrunken oder sonst irgendwie auf Drogen." Da ist Anne doch froh, dass Menschen prinzipiell eher rational gesteuert sind.

Im Affekt sind wir nur noch Gefühl, das Denken ist untergeordnet. Unser Handeln wird direkt von unseren Gefühlen gesteuert.

Das ist doch hoffentlich die Ausnahme, oder? Unser Denken hat doch schließlich immer die Oberhand, oder? Menschen haben zwar Gefühle, sind aber doch intelligente Wesen, letztendlich rational gesteuert von ihren Gedanken, und Ausnahmen bestätigen die Regel, oder?

Denken und Gefühle gehören zusammen. Sie können sich gegenseitig beeinflussen. Wir können mit unseren Gedanken unsere Gefühle „zügeln". Wir können aber auch umgekehrt zum Beispiel trübe Gedanken durch angenehme Gefühle verändern.

Kirsten ist hin und hergerissen. Sie hat schon drei Zettel geschrieben mit zwei großen Plus- und Minus-Spalten. Das sieht dann alles immer ganz klar und überzeugend aus. Ja, alles spricht dafür: der Zeitpunkt, die Umstände, die Chance. Und sie muss sich jetzt langsam entscheiden. Nächste Woche ist Bewerbungsschluss. Aber immer wenn sie sich hinsetzen will, um die Bewerbung zu schreiben, dann ist da so etwas wie eine Blockade. Es fühlt sich nicht gut an. Wenn sie nur an das Gebäude denkt und dieser komische Herr Hartmann. Aber wenn sie das so Michael erzählt, hält er sie wahrscheinlich für verrückt bzw. kann sie absolut nicht verstehen. Wie soll sie das jetzt bis zum Wochenende entscheiden?

Gedanken und Gefühle sind oft fast untrennbar miteinander verwoben. Beide Bereiche sind wichtig und arbeiten zusammen. Im Idealfall in einem guten Verhältnis. Manchmal empfinden wir ein Ungleichgewicht in diesen Teilen unserer Persönlichkeit als störend oder mühsam, manchmal wird es zu einer richtigen Herausforderung.

FRAGEN:

- Bin ich ein emotionaler Mensch? Auf einer Skala von 1–10 wie viele Gefühlspunkte würde ich mir geben?
- Empfinde ich manchmal eine Art innere Auseinandersetzung zwischen Denken und Fühlen? Empfinde ich manchmal ein inneres Ungleichgewicht?
- Kenne ich das bei mir, dass meine Gedanken meine Gefühle beeinflussen und/oder dass meine Gefühle meine Gedanken beeinflussen?
- Wie fälle ich eigentlich die meisten Entscheidungen in meinem Leben? Eher rational oder gefühlsmäßig?

Manche Menschen haben Angst vor Gefühlen oder finden sie lästig, weil sie so oft zum falschen Zeitpunkt auftreten, weil sie einen manchmal zu überschwemmen drohen, oder weil sie einen „schwach" machen. Das klingt so, als ob Gefühle ein Eigenleben in uns führen. Wenn wir so denken, haben wir noch nicht ihre eigentliche Funktion entdeckt.

Wir müssen uns nicht von unseren Gefühlen beherrschen lassen! Wir sind mehr als unsere Gefühle.

Anhand unserer Körperempfindung können wir spüren, dass wir einen Körper haben, und was er von uns will.

Bei Zahnschmerzen ist die Botschaft eindeutig: Der Zahn schreit nach Schmerzstillung. Wir können dann entscheiden, gehen wir gleich zum Zahnarzt oder nehmen wir erst mal eine Schmerztablette und warten, um dann später vielleicht doch zu gehen. (Die Zahnschmerzen werden natürlich auch unsere Gedanken und unsere Gefühle beeinflussen.)

Auch unsere Gedanken können wir bewusst wahrnehmen, wenn wir uns darauf einstellen. Nachts sind sie ganz oft sehr laut und hindern uns am Einschlafen. Aber auch sie können wir in die Schranken weisen. Das kann man üben. Denken Sie einmal an den letzten wunderschönen Urlaub oder, um im Beispiel zu bleiben, an die letzte Zahnbehandlung. Sie werden merken: Je nachdem was ich denke, dementsprechend geht es mir gut oder weniger gut. Ich kann entscheiden, was ich denken möchte. Das kann man üben (siehe auch Kapitel über Angst).

Neben Körpersignalen und Gedanken sagen uns auch unsere Gefühle, was wir brauchen. Nehmen wir zum Beispiel bewusst wahr, dass wir vor dem Zahnarzt Angst haben, dann können wir konkret auf die Angst eingehen und sie beantworten. Dabei hilft es, zwischen einem alten und einem aktuellen Gefühl zu unterscheiden. Oder wir entscheiden uns bewusst, das Gefühl erst einmal zu „parken" und uns mit etwas anderem zu befassen, z. B. mit der anstehenden Alltagsarbeit, bis der geeignete Zeitpunkt dafür vorhanden ist, das Gefühl zu beantworten.

Wir kommunizieren also mit uns selbst in drei Sprachen: der Körpersprache, dem Denken und den Gefühlen. Wir können erkennen und wir können entscheiden (lernen), wie wir mit den Botschaften dieser drei Bereiche umgehen wollen. Dazu haben wir unser Bewusstsein und unseren Willen.

Unser Bewusstsein und unser Wille ist das, was uns von den Tieren unterscheidet, es macht das „Ich" aus, das jeder Mensch besitzt. Üblicherweise wird es durch eine förderliche Erziehung durch Fürsorgepersonen immer mehr entfaltet, bis wir eine eigenständige Identität haben und uns selbst bewusst sind.

Körper, Denken und Gefühl, Bewusstsein und Wille machen unser Selbst aus. Indem wir unseren Willen einsetzen und bewusst wahrnehmen, was Körper, Seele und Geist brauchen, damit sie zur Zufriedenheit kommen, wächst sozusagen über unsere Selbstwahrnehmung unsere Selbsterkenntnis, dadurch das Selbstbewusstsein und Selbstvertrauen. Über ein gesundes Selbstvertrauen wird dann Selbstständigkeit möglich.

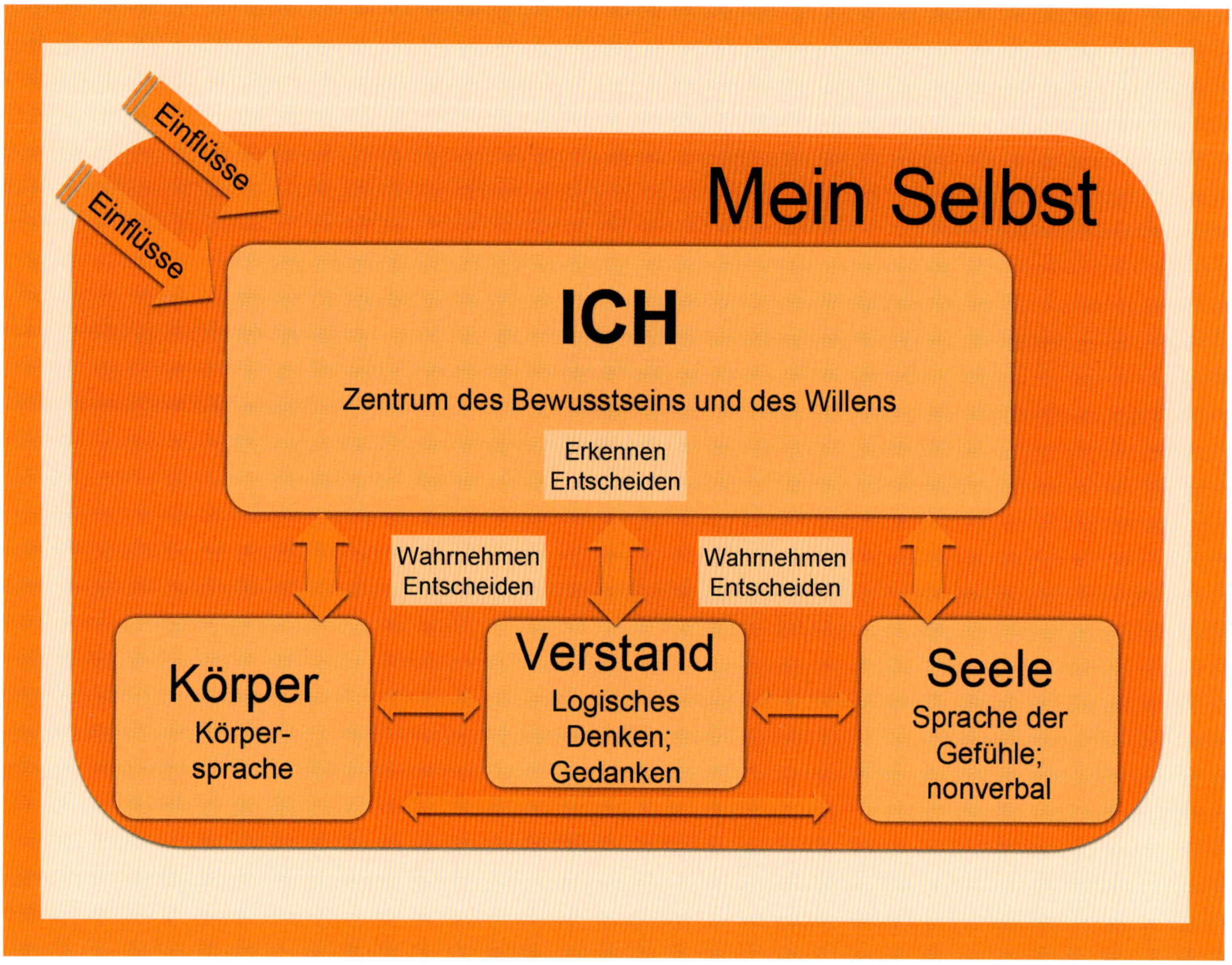

FRAGEN:

- Empfinde ich mich als ausgeglichenes dreiteiliges Wesen aus Körper, Seele und Geist?
- Habe ich das Gefühl, dass die drei Sprachen alle von mir verstanden werden?
- Ist einer der drei Anteile bei mir etwas vernachlässigt? Ist einer der drei Anteile zu bestimmend?

ÜBUNG:

Nehmen Sie einmal bewusst Ihren Körper wahr, was signalisiert er? Sie können ihn wahrnehmen und entscheiden, was ihm jetzt gut tut.

Nehmen Sie nun wahr, was Sie im Moment denken: Wollen Sie das im Moment denken? Sie können erkennen, was Sie denken und dann entscheiden, ob Sie das denken wollen, oder ob andere Gedanken gerade sinnvoller sind und Sie besser wechseln.

Nehmen Sie jetzt wahr, was Sie fühlen. Sie können fühlen, ob es angenehm ist oder nicht, und dann entscheiden, ob Sie dem Gefühl nachgehen wollen oder nicht.

Machen Sie sich noch einmal ganz bewusst, dass Sie wahrnehmen können, was in Ihnen gerade vor sich geht, und dass es Ihre eigene Entscheidung ist, wie Sie damit umgehen.

Die Orchesterprobe

Bisher haben wir vor allem das Bild der Sprache benutzt. Manchmal kommt Ihnen Ihr Gefühlsleben vielleicht wie ein überfordernder Fremdsprachenkurs vor. Möglicherweise ist dann der Vergleich mit einem Orchester für Sie hilfreicher:

Waren Sie schon einmal in einem Konzert mit klassischer Musik oder in der Oper? Wenn man sich für diese Art der Musik begeistern kann, ist es einfach ein sehr beeindruckendes Ereignis. Man erlebt Musik mit allen Sinnen, und vielleicht auch etwas vielfältiger als bei einem Rockkonzert. Ein wichtiger Unterschied zu einem Rockkonzert ist der Dirigent. Manchmal hat man den Eindruck, dass er fast überflüssig ist, aber das täuscht. Der Dirigent kennt jede Note der Partitur für jedes Instrument. Aber er kennt nicht nur die Musik, sondern auch die Musiker. Sie haben viele Probenstunden gemeinsam verbracht.

Und alle Musiker schauen immer wieder zu ihrem Dirigenten. Er zeigt an, wo es lang geht, wie laut oder leise, schnell oder langsam, gefühlvoll oder kraftvoll sie spielen sollen.

Unsere Gefühlswelt ist so vielfältig wie ein großes klassisches Orchester. Da gibt es kleine Piccoloflöten (die aber ganz schon laut sein können). Da gibt es eine große laute Pauke, viele Geigen, Trompeten usw. Aber alle spielen sie nach den Anweisungen des Dirigenten. Wir alle haben nicht nur das große Orchester der Gefühle, der Körperempfindungen und der Gedanken in uns, sondern auch einen Dirigenten – das Ich – unseren Bereich des Erkennens (Bewusstsein) und Entscheidens (Wille). Falls wir den Eindruck haben, unser „Ich“ hat das gerade nicht so im Griff, können wir es schulen. Prinzipiell kann das unser „Ich“, und es macht ihm auch Freude, diesen Job der Orchesterleitung zu machen.

Das ABC der Gefühle

Unangekündigter Stau auf der Autobahn! Der Super-GAU! Schon nach einer halben Stunde Fahrt – ins viel zu kurze Wochenende. Wo sich nun endlich mal wieder alle vier Mitglieder der Familie Typisch auf ein Ziel einigen konnten! Und nun hängen alle hier im Auto fest. Michael könnte vor Wut ... Er schaut sich seine Familie an, im Rückspiegel zwei Teenager: Kai ist in ein Spiel vertieft und kämpft mit ganzem Einsatz auf irgendeinem Level. Dass sie im Stau stehen, hat er noch gar nicht mitbekommen. Anne hat ihre Kopfhörer auf und schaut versonnen aus dem Fenster, sie war schon den ganzen Morgen mal wieder schlecht drauf, da macht der Stau es auch nicht schlimmer. Und seine Frau Kirsten neben ihm ist in den Reiseführer versunken, strahlt über das ganze Gesicht und sagt: „So, jetzt habe ich im Stau doch wenigstens noch Zeit, mir endlich den Reiseführer mal genauer anzusehen. Bis wir da sind, kann ich dir dann sagen, was ich mir gern mit euch ansehen möchte." Michael schüttelt den Kopf: Menschen können schon sehr verschieden sein.

Die gleiche Situation: Stau auf der Autobahn und vier vollkommen unterschiedliche Gefühle und Verhaltensweisen – Wut, Gleichgültigkeit, Desinteresse, Freude. Das kann uns immer wieder verblüffen, wie unterschiedlich Menschen auf die gleiche Situation reagieren, und wie unterschiedlich sie mit den gleichen Umständen umgehen.

Als Ausgangspunkt gibt es immer eine augenblickliche Situation A. In unserem Beispiel der Stau auf der Autobahn. In solchen Situationen beginnt in jedem von uns sofort der Prozess der Bewertung B. In diesem Fall ist Kai eine Ausnahme, weil er die Situation gar nicht mitbekommt, also nichts bewertet und auch keine weitere Reaktion entsteht. Michael reagiert dagegen deutlich. Seine Bewertung: Für ihn ist das alles eine sehr störende Verzögerung, die noch nicht einmal in den Verkehrsmeldungen erwähnt wurde! Seine Konsequenz C: Er wird wütend und schimpft innerlich vor sich hin. Anne ist so mit anderen inneren Ereignissen beschäftigt, dass der Stau bestenfalls die Bewertung „unwichtig" bekommt. Daraus entsteht zunächst keine sichtbare Konsequenz. Ehefrau Kirsten ist eine Lebenskünstlerin, die auch einem Stau noch etwas Positives abgewinnen kann und sich freudig mit ihrem Reiseführer beschäftigt.

Diese Zusammenhänge haben sich einen Namen gemacht: das ABC-Modell der Gefühle. Aus einer Situation entsteht zunächst eine Bewertung, die dann ein Gefühl und ein Verhalten und auch körperliche Reaktionen nach sich ziehen. Wie wir eine Situation bewerten, hängt von ganz unterschiedlichen Faktoren ab. Dazu zählen:

- Unsere Prägungen und Erfahrungen
- Unsere Persönlichkeit
- Unsere momentane körperliche und seelische Verfassung
- Welche Rolle oder Funktion wir gerade innehaben
- Die bisherigen Erlebnisse des Tages
- Die Art und Weise, wie wir von der Situation erfahren (haben)
- ...

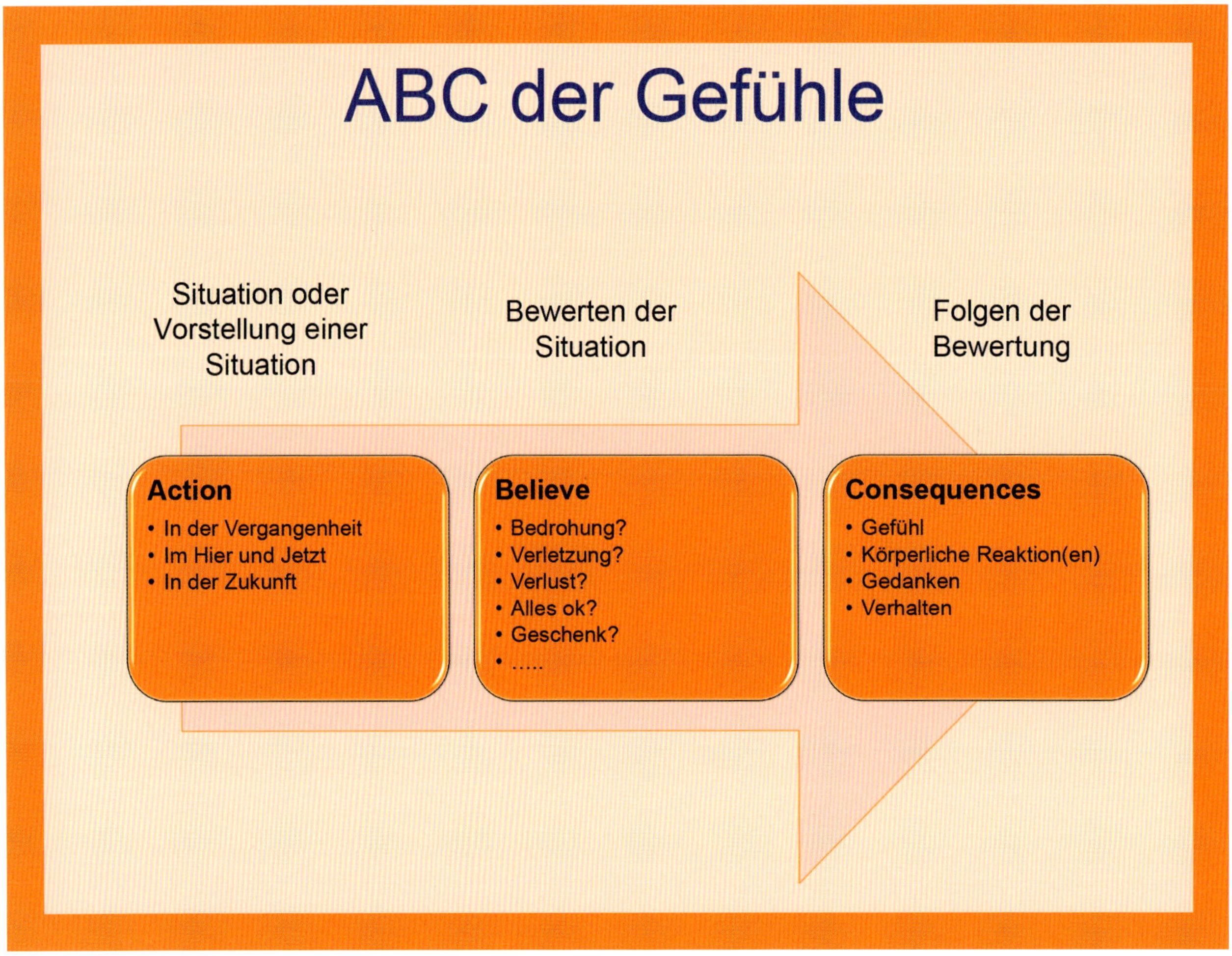

Bei der Bewertung entscheidet sich, ob ich eine Situation als Bedrohung oder Überforderung, als Verletzung, Ungerechtigkeit, Enttäuschung, Verlust oder Mangel einordne. Oder ob ich denke: „Alles im grünen Bereich", oder es sogar als Geschenk erlebe. Die Bewertung ist der Dreh- und Angelpunkt des ABC-Verlaufs. Wenn ich also ein Gefühl oder ein Verhalten ändern möchte, dann sollte ich am besten bei der Bewertung ansetzen.

Im Beispiel hatten wir eine eindeutige äußerliche Situation. Das Ganze kann aber auch von einem inneren Erleben ausgelöst werden.

Die Musik hörende und in Gedanken versunkene Anne schaut bei der Autofahrt aus dem Fenster. Plötzlich hat sie Tränen in den Augen, weil sie sich durch ein Lied an die letzte Party erinnert, bei der ihre Freundin sie so vor allen bloßgestellt hat. Das war einfach total gemein.

Allein die Vorstellung einer Situation, also unser inneres Erleben kann je nach Bewertung heftige Gefühle auslösen. Dabei ist es unerheblich, ob sich dieses Erleben in der Vergangenheit, in der Zukunft oder im Hier und Jetzt abspielt.

Prinzipiell ist dies alles eine beeindruckende und faszinierende Ausstattung, die wir da mitbekommen haben. Mit einem Gefühl zu reagieren, das macht uns als Menschen aus. Je mehr wir über diese komplexen Zusammenhänge lernen, umso weniger bedrohlich erscheinen uns Gefühle bei uns selbst und bei anderen Menschen.

FRAGEN:

- Welche Situationen bewerte ich fast immer negativ?
- Wann bewerte ich Situationen meist negativ? Gibt es da ein Schema?
- Welche Situationen bewerte ich immer positiv?
- Möchte ich an dem einen oder anderen etwas ändern?

ÜBUNG 1:

Stellen Sie sich eine Situation der letzten Zeit vor, die bei Ihnen eine deutliche emotionale Reaktion verursacht hat.

Stellen Sie sich vor, wie einige Ihrer Verwandten und Bekannten in dieser Situation auf ihre Art ganz anders reagiert hätten.

Wie hätte Ihre Bewertung ausfallen müssen, damit auch Sie anders reagiert hätten?

Viel Spaß bei den Gedankenspielen!

ÜBUNG 2:

Erstellen Sie sich ein Schema mit drei Spalten:

A Ausgangssituation

B Bewertung

C Konsequenz in Gefühl, körperlichen Reaktionen und Verhalten

Tragen Sie einige Erlebnisse der letzten Tage ein.

Zufriedenheit

Es ist Sonntagnachmittag. Kirsten hat sich mit einem Cappuccino in die erste Sommersonne gesetzt. Auf dem Schoß liegt ein richtig altmodisches Fotoalbum. Das hat sie in dieser Woche im Regal entdeckt und wollte es mal auf den aktuellen Stand bringen. Nun blättert sie in den Seiten mit vielen Fotos von Anne und Kai und der ganzen Familie. Viele Erinnerungen werden wach, angenehme und schwierige. Als sie das Album zuklappt und nach der Kaffeetasse greift, spürt sie, wie sich ein gutes Gefühl ausbreitet. Ja, sie ist zufrieden mit ihrem Leben. Nicht alles lief bisher optimal, und sie weiß auch nicht, ob es hier und dort so gut weitergeht. Aber prinzipiell ist sie so richtig zufrieden. Sie genießt diesen Gedanken, die Sonne und den Cappuccino.

Wir hatten bis hierher schon einige Übungen zu den Grundgefühlen. Dabei haben wir immer mit der Zufriedenheit angefangen. Sie ist etwas unspektakulär und klingt vielleicht sogar etwas langweilig. Wie ist es Ihnen mit den Übungen zur Zufriedenheit ergangen? War das angenehm, schön, ungewohnt oder schwierig? Ist Zufriedenheit überhaupt ein Gefühl für Sie? Konnten Sie es irgendwo in Ihrem Körper entdecken? Kirsten empfindet Zufriedenheit im ganzen Körper. Andere Menschen spüren es vielleicht im Bauchraum oder im Kopf. Manchmal lächeln wir ein wenig (bewusst oder unbewusst), wenn wir zufrieden sind.

Auch wenn die Zufriedenheit so grundsätzlich daher kommt, ist sie keineswegs selbstverständlich. Und ihre Bewertung ist sehr unterschiedlich. Für manchen ist sie fast das absolute Glück und für manchen ist sie gar nicht richtig wahrnehmbar.

Fragen wir die Zufriedenheit doch einmal selbst, wie sie sich darstellt:

„Ich bin das Gefühl, das Menschen signalisiert, dass es gut ist, dass sie satt sind, dass sie Frieden geben und inneren Frieden haben können. Ein wichtiges Signal.

Wenn ich in Menschen einziehe, dann ist Gelegenheit zu friedlicher Ruhe. Zumindest für eine friedliche Pause. Doch immer weniger Menschen hören auf mich. Ja, viele lassen mich gar nicht in sich hinein. Immer mehr muss erreicht werden, immer maßloser sind die Ziele der Manager und die Wunschzettel der Kinder, die Versprechen der Werbung und die Träume vom Glück. Und immer schneller muss alles gehen, Tempo, Tempo, da ist keine Zeit für mich, die Zufriedenheit, die anzeigt, dass das Maß voll ist und Zeit für eine friedliche Pause.

Immer wieder mal werde ich diskriminiert: Da werde ich verwechselt mit Spießertum, Desinteresse, Egozentrismus und dickem Bauch. Das finde ich gemein und ungerecht.

Gelegentlich fürchte ich, ich würde zu den Gefühlen zählen, die vom Aussterben bedroht sind. Deswegen bitte ich Sie: Retten Sie mich! Halten Sie inne und geben Sie mir eine Chance! Eine Belohnung ist Ihnen sicher, denn ich bin ein wohliges Gefühl."

aus: Udo Baer und Gabriele Frick-Baer: Das ABC der Gefühle[2]

Wann sind wir zufrieden? Wenn wir das haben, was wir brauchen, also wenn unsere Bedürfnisse erfüllt sind. Das sind natürlich zunächst die körperlichen Grundbedürfnisse wie Nahrung und Schlaf. Aber auch Bedürfnisse wie Sicherheit und Nähe. Darüber hinaus brauchen wir ab und zu auch Erfolgserlebnisse.

Wenn wir unsere Bedürfnisse in einer guten Weise befriedigen, dann stellt sich diese innere Zufriedenheit ein. Sie ist lebensfördernd und ein Maß dafür, dass uns nichts Wichtiges fehlt in unserem Leben.

Wenn wir keine innere Zufriedenheit erreichen, kann es sein, dass wir unsere Bedürfnisse auf eine ungesunde, lebenshemmende Art und Weise befriedigen, z. B. indem wir sie mit Suchtstoffen bedienen oder sie verdrängen. Wir vermeiden in diesem Fall die gesunde Bedürfnisbefriedigung, vielleicht weil sie uns zu anstrengend ist oder gefährlich erscheint. Dann fühlen wir uns auf Dauer nicht wohl, erlangen keine Zufriedenheit und das unerfüllte Bedürfnis gewinnt immer größere Macht über unsere Lebensgestaltung.

Echte und anhaltende innere Zufriedenheit ist also ein sehr wertvoller Gradmesser dafür, wie gelungen unsere Lebensführung ist.

Um diese innere Zufriedenheit immer wieder erreichen zu können, müssen wir beständig neue Strategien zur Lebensgestaltung entwickeln, denn unsere Bedürfnisse verändern sich je nach Lebensphase. Diese Wahrnehmung sollten wir schulen und unsere Lebensweise dem immer wieder anpassen.

In der deutschen Sprache gibt es keinen echten Gegensatz zur Zufriedenheit. Wir sind dann eben un-zufrieden, eben nicht zufrieden. Der Zustand von Unzufriedenheit ist manchmal schwer zu fassen, weil er sich nicht durch die Anwesenheit von etwas beschreiben lässt, sondern nur durch die Abwesenheit des Zufriedenseins. Wir sind irgendwie schlecht gelaunt, vielleicht unruhig, unkonzentriert. Wir haben viele dieser unkonkreten Symptome. Manchmal können wir auf die Frage, was denn los ist, sogar sagen: „Ich weiß nicht, ich bin einfach unzufrieden." Dann sind wir aber von der Lösung noch weit entfernt. Die Lösung wäre es, dem nicht erfüllten Bedürfnis auf die Spur zu kommen und es im Idealfall auf eine gesunde Art und Weise erfüllen zu können.

Reicht dieser Zustand des „irgendwie unzufrieden seins " nicht aus, um die Bedürfnisbefriedigung zu realisieren, stellen sich weitere Gefühle ein: Wir werden wütend, traurig oder ängstlich, um uns zur Veränderung zu motivieren und letztendlich der Zufriedenheit wieder näher zu kommen.

Manchmal ist die Bedürfnisbefriedigung in der aktuellen Situation oder auch auf lange Sicht nicht möglich. Aber dann sind wir schon einen ordentlichen Schritt weitergekommen, wenn wir wissen, weshalb wir unzufrieden sind, weil wir dann wissen, was uns eigentlich fehlt.

Wir Menschen sind sehr erfinderisch darin, Lösungsansätze für die Unzufriedenheit zu finden, die leider nicht funktionieren. Verdrängung und Drogen oder andere Suchtstoffe wurden schon erwähnt. Ablenkung und Betäubung gehören auch in diese Kategorie der vergeblichen Versuche. Häufig versuchen wir dieses Thema auch in unseren Beziehungen zu lösen. Unser Partner oder unsere Partnerin sollen dann bewusst oder unbewusst alle unsere Bedürfnisse erfüllen. Das können sie aber nicht, und dazu sind sie auch nicht da!

Prinzipiell gibt es zwei Richtungen, aus denen wir uns unseren Bedürfnissen nähern können. Die offensichtliche ist das Defizit oder der Mangel. Wir bemerken Unzufriedenheit an uns und suchen danach, was uns fehlt:

Weshalb bin ich unzufrieden? Liegt eine Gefahr vor? Wurde ich verletzt bzw. gekränkt, überfordert? Wurde mir etwas versagt oder weggenommen?

Je nachdem, was die Seele meldet, dementsprechend liegt das Bedürfnis nach Sicherheit, Wiedergutmachung, Trost, Zuwendung oder Problemlösung vor. Je konkreter ich die Sprache meines Inneren kenne, desto genauer kann ich dafür sorgen, dass meine Seele das bekommt, was sie wirklich braucht.

Wir können aber auch eine Art prophylaktische Übung machen: die Dankbarkeit. Wenn wir rückblickend den Tag betrachten und sehen, wofür wir dankbar sein können, sehen wir auch, was uns zufrieden macht. Mit der Zeit haben wir eine Liste der Dinge, die uns dankbar und zufrieden machen. Es kann das Lebensgefühl schon ziemlich verändern, diese Liste wirklich zu verfassen, sie irgendwo aufzuhängen und immer wieder zu lesen.

Vielleicht haben Sie selbst Mühe damit, ihre Bedürfnisse zu benennen. Eine kleine Hilfe dabei, könnte Ihnen eine von uns erweiterte Liste von Bedürfnissen aus der gewaltfreien Kommunikation nach Marshall Rosenberg sein.

Bedürfnisse meines Körpers:

Luft, Wasser, Licht, Wärme, Essen, Trinken, Entleerung, Bewegung, Rhythmus, Schutz, Obdach, Berührung, Sexualität, Entspannung, Ruhe, ...

Bedürfnisse meines Intellektes:

Autonomie (Selbstständigkeit, -bestimmung, -verantwortung), Echtheit, Authentizität, Integrität, Selbstvertrauen, Lernen, Verstehen, Entwicklung, Bildung, Klarheit, Struktur, Ordnung, Beitragen, Beteiligung, ...

Bedürfnisse meiner Seele:

Kreativität, Begeisterung, Feiern, Trauern, Spiel, Schönheit, ...

Spirituelle Bedürfnisse:

Verbundenheit mit etwas Größerem, Lebenssinn, Glaube an etwas oder jemand der größer ist als das menschlich Vorstellbare, geistliche Heimat, ...

FRAGEN:

- Wünsche ich mir mehr Zufriedenheit?
- Welche Strategien gegen Unzufriedenheit habe ich?
- Welche Bedürfnisse kommen bei mir öfter zu kurz und machen mich daher unzufrieden? Wie könnte ich das ändern?

ÜBUNG 1: Herausfinden, welche Gefühle meine Zufriedenheit verdrängt haben

Fragen Sie sich:

- Geht es mir jetzt gerade gut oder schlecht?
- Wenn es mir schlecht geht, bin ich dann verletzt oder gekränkt → Wut?
- Fehlt mir etwas oder wurde mir etwas genommen → Trauer?
- Fühle ich mich bedroht → Angst?
- Oder ist mir einfach alles zu viel, bin ich überfordert → Angst, Wut?
- Es gibt auch eine Überforderung an Freude, da fehlt dann die Zeit zur Verdauung des vielen Guten → Wut, Trauer

ÜBUNG 2: Dankbarkeitsübung

Überlegen Sie (jeden Abend), wofür Sie dankbar sein können:

- Was habe ich mir selbst heute Gutes getan?
- Was hat jemand heute für mich getan?
- Was genieße ich immer noch, das schon lange her ist oder immer noch anhält?
- Was ist heute passiert, das kein Mensch verursacht hat und mir ein gutes Gefühl gibt?

Nehmen Sie sich kurz Zeit, diese Punkte zu betrachten und zu genießen.

Machen Sie aus der Dankbarkeitsübung eine Liste, die Sie sich immer wieder ansehen.

Um Ihnen ein wenig Lust zu machen, Ihre Bedürfnisse auf eine gesunde Art und Weise zu befriedigen, machen wir Sie mit einem Fundus aufbauender Tätigkeiten bekannt. Suchen Sie sich einige aus und nehmen Sie sich Zeit dafür.

Aufbauende und stärkende Aktivitäten:

- ins Grüne fahren
- Ausflüge oder Urlaubsfahrten planen
- für sich selbst Dinge einkaufen
- sich künstlerisch betätigen
- Kletterfahrten und Bergtouren machen
- die Bibel oder andere religiöse Schriften lesen
- Zimmer oder Haus auf- oder umräumen
- zu einer Sportveranstaltung gehen
- Tipps und Ratschläge zur Selbsthilfe lesen
- Romane, Erzählungen, Theaterstücke oder Gedichte lesen
- in ein Lokal gehen
- zu einem Vortrag gehen

- Auto fahren
- mit dem Computer spielen
- seinen Eltern eine Freude bereiten
- Antiquitäten restaurieren, Möbel aufarbeiten
- fernsehen
- sich politisch betätigen
- an technischen Dingen arbeiten (Auto, Fahrrad, Haushaltsgeräte)
- positive Zukunftspläne schmieden
- Karten spielen
- Puzzle, Kreuzworträtsel usw. lösen
- zusammen mit Freunden oder Bekannten essen gehen
- einen Volkshochschulkurs besuchen
- Tennis spielen
- eine Dusche oder Bad nehmen
- Romane, Erzählungen, Theaterstücke oder Gedichte schreiben
- sich mit Tieren beschäftigen
- Erkundungsgänge machen (von gewohnten Straßen abweichen, unbekannte Gegenden erforschen)
- eine offene und ehrliche Unterhaltung führen
- in einem Chor singen
- über sich selbst oder seine Probleme (für einen bestimmten Zeitraum) nachdenken
- sich beruflich engagieren
- zu einer Party gehen
- zu kirchlichen Veranstaltungen gehen (Wohltätigkeitsveranstaltungen, Vorträge, Basare usw.)
- an einer Tagung teilnehmen
- ein Musikinstrument spielen
- beim Laienschauspiel mitmachen
- ein Nickerchen machen
- mit Freunden zusammen sein
- Lebensmittel einmachen oder einfrieren, Vorräte anlegen
- eine DVD (z. B. Komödie, Konzert) anschauen
- vor sich hinsingen
- mit seinen Enkelkindern zusammen sein
- in den Zirkus oder Zoo gehen
- etwas entwerfen oder zeichnen
- einen Besuch machen
- im Garten arbeiten
- Fachliteratur oder ein Fachbuch lesen
- tanzen
- in der Sonne sitzen
- nur so herumsitzen und nachdenken
- in geselliger Runde etwas trinken
- einen Vergnügungspark besuchen
- sich über Philosophie oder Religion unterhalten
- den Geräuschen in der freien Natur zuhören
- Radio hören
- Freunde einladen
- Geschenke machen
- den Himmel, Wolken oder einen Sturm beobachten
- der Familie etwas kaufen
- fotografieren
- eine Anschaffung oder Investition tätigen (Auto, Computer, Haushaltsgräte usw.)

- etwas für seine Gesundheit tun (Zahnarztbesuch, neue Brille usw.)
- in der Stadt herumbummeln
- wandern
- ein Museum oder eine Ausstellung besuchen
- Tagebuch schreiben
- in ein Fitness-Center, eine Sauna usw. gehen
- Telefongespräche führen
- ins Kino gehen
- allein sein
- Essen kochen
- eine Party oder ein gemütliches Beisammensein veranstalten
- Freunde besuchen
- beten
- Zeitung lesen
- etwas basteln oder handwerklich bauen
- an einer Selbsterfahrungsgruppe teilnehmen
- schwimmen
- laufen, joggen, Gymnastik-, Fitness- oder Freiluftübungen machen
- Hausarbeit oder Wäsche erledigen
- Musik hören
- zum Friseur oder Kosmetikerin gehen
- Zeitschriften lesen
- in eine Bibliothek gehen
- ein neues oder spezielles Gericht zubereiten
- einen Einkaufsbummel machen
- Leute beobachten
- Gegenstände reparieren
- Fahrrad fahren
- Briefe oder Karten schreiben
- mit seinem Ehepartner zusammen sein
- einen Spaziergang machen
- nähen
- mit Kindern etwas unternehmen
- ehrenamtliche Arbeit tun, an gemeinnützigen Projekten mitarbeiten
- Cartoons / Comic-Hefte lesen
- reisen
- ein Konzert, eine Opern- oder Ballett-aufführung besuchen
- mit Haustieren spielen
- usw.

Der Weg zum Ziel

Es ist Montagvormittag. Kirsten spurtet geradezu durchs Haus. Ihre To-do-Liste ist heute besonders lang. Eigentlich hat sie gar keine richtige Liste. Sie hat ganz viele Dinge im Kopf, die sie gefühlt alle 5 Minuten in Gedanken durchgeht und einzelne Dinge abhakt. Trotz des gedanklichen Abhakens stellt sich heute aber keine Zufriedenheit ein. Kirsten fühlt sich getrieben und gestresst. Sie beschließt, in die Küche zu gehen und sich noch einen Kaffee zu gönnen. Dabei fällt ihr Blick auf die Blumen draußen auf der Terrasse. War es wirklich gestern erst? Da hat sie total entspannt dort draußen gesessen und das Leben genossen. Jetzt ist sie im ganz klassischen Montagschaos und Montagslebensgefühl angekommen. Woran lag das? Das sollte anders werden! Vielleicht mal Schluss machen mit dieser Illusion des Multitasking. Sie machte immer mehrere Dinge auf einmal zumindest in Gedanken. Davon wurde sie aber auch nicht schneller fertig, sie war nur selber mehr fertig danach. Zufrieden bemerkt sie: Zumindest ihr Sinn für Wortspiele und Humor war montags auch noch da.

Sie beschließt, ihren Kaffee nicht im Stehen zu trinken, sondern sich mit Papier und Bleistift an den Küchentisch zu setzen. Sie schreibt eine große Überschrift: Schluss mit Stress – her mit der Ausgeglichenheit! Und dann sammelt sie ganz viele Stichworte dazu. Es macht ihr richtig Spaß. Das muss sie unbedingt ihrer Freundin zeigen. Aber erst später, wenn sie noch die anderen Dinge von der Liste ..., sie seufzt und macht sich wieder an die Hausarbeit.

Kennen Sie das, da begegnet Ihnen ein Mensch, den Sie schon lange nicht mehr gesehen haben und er fragt „Wie geht es dir?", und Sie wissen dann nicht, was Sie sagen sollen? Sehr oft sind wir sehr beschäftigt mit dem Bedenken, was alles noch getan werden muss, oder was alles hätte nicht sein sollen oder mit inneren Dialogen des Alltagsbetriebes. Dann haben wir gar keine Zeit hineinzuspüren, was in uns los ist und ob das, was wir so treiben, eigentlich sinnvoll ist bzw. Sinn macht. Wir antworten dann häufig: „Es ist viel los, ich bin im Stress, habe viel zu tun, soso lala ..."

Damit ich erkenne, ob ich zufrieden bin oder ob mir etwas fehlt, ist es nötig, erst einmal innezuhalten –

(vielleicht auch jetzt einmal kurz!?)

und hinzuspüren, was in mir gerade vor sich geht. Was sagt denn mein Herz, und welche Stimmen, die mein Befinden betreffen, sind denn gerade jetzt da? Dürfen sie auch da sein?

Das heißt, um zur Zufriedenheit zu kommen, ist es nötig, erst einmal innezuhalten und den Fokus der Aufmerksamkeit und „Achtsamkeit" von außen nach innen zu lenken.

Achtsamkeit

In letzter Zeit ist dieses Wort ein richtiges Modewort geworden. Vielleicht deshalb, weil es uns Not tut, achtsam zu werden, um nicht im vielen Allerlei der Erwartungen von Arbeit, Familie, Freizeit, Gemeinde, ... unterzugehen. In der Bibel heißt es: „Was nützt es dem Menschen, wenn er die ganze Welt gewinnt und Schaden nimmt an seiner Seele?“

Wir sind alle unterwegs auf einer Wanderung durch unsere Lebenszeit. Da lohnt es sich, zwischendrin mal innezuhalten und zu schauen: „Was ist denn mein Ziel? Wo will ich denn hin in meinem Unterwegs sein? Welchen Sinn will ich denn meinem Leben geben?“ Denn wo das Ziel fehlt, wandern wir blindlings in der Gegend umher, unbefriedigt, weil die Richtung fehlt und weil wir so auch leicht zu Wegen „ver-leitet“ werden, die uns nicht gut tun.

Bei einer Reise helfen Wegweiser und Landkarten. Sie achtsam zu studieren hilft uns, nicht unnötige Umwege zu machen oder in Sackgassen oder total unwegsames Gelände zu geraten. Für unseren Lebensweg können wir solche Wegzeiger auch in uns selbst finden, nämlich die Botschaften unserer Seele. Unsere Seele sagt uns, wenn sie der Ansicht ist, dass es so nicht mehr weitergeht oder wir uns gerade auf dem falschen Weg befinden.

Längeres Ausbleiben von Zufriedenheit ist ein Signal dafür, dass es Zeit wird, mal wieder innezuhalten und achtsam zu schauen, was fehlt.

Was hindert uns eigentlich daran, achtsamer mit uns selbst umzugehen? Im Folgenden einige mögliche Gründe:

- Keine Zeit: Die Annahme, dass das Tun wichtiger ist als das Sein. Die Befürchtung, dass man als „faul“ hingestellt wird, wenn man so vor sich hin sinniert. Als Motto wird gern zitiert „Zeit ist Geld!“

- Die Annahme, dass das Haben wichtiger ist als das Sein. Und dafür muss man arbeiten. Das Motto lautet: „Von nichts kommt nichts!“

- Zu viel Arbeit und die Angst, mit der Arbeit nicht fertig zu werden. Die Angst vor dem Druck von „oben“ . Dahinter steckt oft die Grundangst, nicht zu genügen, zu schwach, irgendwie falsch oder ungenügend zu sein und dann abgelehnt zu werden. Das Motto lautet: „Nur der frühe Vogel fängt den Wurm!“

- Die Überzeugung, dass das alles Gefühlsduselei ist und mit der Realität nichts zu tun hat. Dahinter steckt die Grundangst vor dem, was einem im eigenen Inneren begegnen könnte, z. B. die Angst vor dem eigenen Ich, das sich unterschwellig nach Zuwendung sehnt, oder die Angst, als „Schwächling“ dazustehen und abgelehnt zu werden. Das männliche Motto lautet: „Das ist Weibersache!“

- Die Angst vor der inneren Leere. Vielleicht könnte man entdecken, dass man für sich selbst noch keinen Sinn im Leben gefunden hat und bemerkt, dass man „gelebt wird“. Das abwehrende Motto lautet: „Was ich nicht weiß, macht mich nicht heiß!“

Welches sind Ihre Argumente, um eine Zeit des achtsamen Innehaltens zu vermeiden? Wie lautet Ihr Motto?

In unserer Zeit sind wir es gewohnt, dass immer etwas „laufen“ muss. Ständig prasseln Eindrücke auf uns ein und wenn wir mal die Möglichkeit hätten, tatsächlich „abzuschalten“, dann stellen wir Radio, TV oder sonst eine Medienquelle an.

Haben wir Angst vor der Stille und dem Alleinsein? Das ist schon möglich. Denn wenn es um uns herum still ist, beginnt es in uns laut zu werden. Dann führen wir vielleicht mit allen möglichen Personen innere Dialoge, oder wir nehmen diese imaginierten Personen sogar noch mit ins Bett und versuchen dort, Situationen nochmals nachzuerleben oder vorauszudenken, um sie zu klären.

Hier setzt der konstruktive Umgang mit den Gefühlen an.

Dasein

Zweckfreies Dasein haben wir alle schon einmal erlebt, in unserer Kindheit beim Spielen. Es sind Augenblicke, wo man ganz mit Körper, Seele und Geist verbunden ist und die Zeit vergisst. Das Leben wird im Fluss erlebt – manche sprechen hier vom Flow-Effekt. Da sind wir nicht beschäftigt mit dem Urteilen, ob etwas richtig oder falsch ist. Da ist man einfach da, ohne Zweck, ohne Absicht, ohne Leistungsdruck. Ein paradiesischer Zustand. Mit dem Erwachsenwerden wird es uns immer wichtiger, etwas zu „erreichen". Reich werden, klug werden, schön werden, ..., wir möchten ein Ziel erreichen und unsere Unzufriedenheit treibt uns immer weiter darauf zu. Dieses Lebensziel haben wir als Kind entweder von den Eltern, von Vorbildern, aus Medien oder ... abgeschaut und übernommen. Oder wir haben ein abgrenzendes, gegenteiliges Ziel gewählt.

Es macht durchaus Sinn, sich einmal zu fragen, ob das Ziel aus der Vergangenheit heute noch passend ist.

Wie lerne ich konkret, einfach da zu sein?

Dazu gibt es verschiedene Übungen. Bei den meisten geht es darum, mit Hilfe konkreter Sinneswahrnehmung vom wertenden Denken weg und langsam zur zweck- und urteilsfreien Wahrnehmung zu kommen. Dabei wird der Fokus der Wahrnehmung meist zunächst nach innen gerichtet.

Hier und jetzt lebe ich wirklich und kann entscheiden, was mir gut tut. Über das Einüben folgender Wahrnehmungen kann ich diesen achtsamen Zustand immer schneller erreichen:

- Wahrnehmung dessen, was ich sehe, höre, schmecke, rieche, fühle, ...
- Wahrnehmung meines Atemrhythmus'
- Wahrnehmung meiner Körperempfindungen
- Wahrnehmung meiner Gefühle
- Wahrnehmung meiner Gedanken

FRAGEN:

- Wann habe ich mir zum letzten Mal Zeit gegönnt, um über das Ziel meines Lebens nachzudenken?
- Was ist mein Ziel im Leben?
- Worin sehe ich einen Sinn für mein Dasein?
- Welche guten Vorbilder kenne ich?
- In welchem „Spiel" kann ich heute ganz „aufgehen", fühle ich mich ganz eins mit mir?

ÜBUNG ZUM DA-SEIN:

Ankommen:

Ich habe jetzt Zeit, Zeit zum Ankommen: Ich setze mich hin an einen ruhigen und geschützten Ort und komme zur Ruhe.

Den Körper wahrnehmen:

Ich spüre, wie ich sitze. Unter mir nehme ich die Sitzfläche des Stuhles wahr, der mich trägt, den Boden unter meinen Füßen. Ich spüre in meine Körpermitte hinein und richte mich von dort her auf. Die Wirbelsäule kommt ins Lot; ich nehme ihre aufrichtende Kraft wahr. Die Hände ruhen auf den Oberschenkeln oder im Schoß. So sitze ich so entspannt, wie es mir im Moment möglich ist.

Den Körper bewusst entspannen:

Ich nehme wahr, wo ich in meinem Körper anspanne oder festhalte. Ich löse, so gut es geht, alle Spannungen: Arme, Hände ..., Beine, Füße ..., den Rücken, vom Kreuzbein ausgehend, die Wirbelsäule entlang bis zu den Schultern, Nacken, Hals ...

Ich entspanne mein Gesicht: Stirn, Augen, Wangen, Mundpartie ..., ich nehme wahr, wie das Gesicht freier wird ..., ich entspanne die Kopfhaut und spüre, wie der Druck weicht ..., zum Schluss entspanne ich Brust und Bauchdecke und spüre, wie der Atem mehr Raum bekommt.

Auf den Atemrhythmus achten:

Ich nehme den Atem wahr, wie er kommt und geht, ich beeinflusse ihn nicht, stelle mir dabei aber vor, wie ich „Verbrauchtes“, Belastendes ausatme, damit Neues wieder eingeatmet werden kann. Ich nehme auch die Atempause dabei wahr.

Die Gedanken ziehen lassen:

Alle Gedanken, die kommen wollen, lasse ich kommen und vor meinem inneren Beobachter vorbeiziehen, ohne ihnen nachzugehen. Sie dürfen zur Ruhe kommen. Druck und geistige Anstrengung kann ich so nach und nach loslassen.

Offen sein, gegenwärtig sein, bei sich sein:

Meinem Atem nachzugehen führt mich nach innen in die Tiefe. Ich komme mir selbst nah, meinem Inneren, meiner Mitte. Ich ruhe in mir. Ich bin ganz gegenwärtig und ganz wach und darf offen sein, für das, was mein Herz mir sagt, für das Geheimnis meines Lebens in mir.

Übungsanleitung des Geistlichen Zentrums der Erzdiözese Freiburg[3]

Wenn Sie merken, dass Sie mit der Zufriedenheit gar nicht klar kommen, dann halten Sie sich nicht hier auf, sondern gehen in der Lektüre gleich weiter zum Kapitel, das Ihr vorrangiges Gefühl beschreibt.

Überblick Zufriedenheit

Verwandte Gefühle:
innerlich ruhig, ausgeglichen, gelassen, friedlich

Ausdruck, „Aussprache“:
entspannte Gesichtsmuskulatur, leichtes Lächeln

Auslöser, Ursachen:
keine Aufträge (von außen und innen), keine anderen Gefühle, die beantwortet werden wollen

Energieniveau:
gesunde Körperspannung, entspannt

Botschaft des Gefühls:
„Alles ist im Moment in Ordnung.“

Abwehrverhalten:
„Ich darf nicht faulenzen, ich muss immer etwas tun, es muss immer etwas bearbeitet werden.“

Gewinn, Nutzen:
Ruhe und Ausspannen für Körper, Seele und Geist

Folgehandlung:
ein Genießen des Ist-Zustandes, einfach Dasein

Wut

Kirsten kennt sich selbst nicht mehr. Was ist das denn? Sie hatte an einem Tag ihre beiden Kinder nur noch hemmungslos angeschrien. Anne war heute Nacht viel zu spät nach Hause gekommen und hatte auf SMS und Anrufe einfach nicht reagiert. Und heute muss sie doch die Mathearbeit schreiben. Und Kai hatte sie einfach angelogen. Er hatte seine Arbeit schon lange zurück, eine glatte 5 und hat einfach immer wieder gesagt, der Lehrer hätte sie noch nicht zurückgegeben. So einfach ins Gesicht gelogen. Kirsten ist immer noch total aufgebracht, wenn sie daran denkt. Aber am meisten ärgert sie sich über ihr eigenes Verhalten. Wie konnte sie so hemmungslos wütend reagieren? Sie hatte ihren Kindern Sachen gesagt ... Das ist doch gar nicht ihre Art.

Wut, Zorn, Ärger, ..., das sind Gefühle, die in unserer Gesellschaft zwar an der Tagesordnung sind, aber kein gutes Image haben. Kirsten ist ein Beispiel dafür. Sie möchte nicht wütend sein und ist selbst erstaunt, dass sie so zornig werden kann.

Wut als Reaktion auf Kränkung

Kränkung bedeutet, mir fehlt etwas, oder ich wurde verletzt. Was fehlt mir, was wurde mir nicht gegeben oder genommen?

Beispiele:

- Würde, Ehre, Wertschätzung
- Zuwendung, Ansehen
- Bedürfnisbefriedigung, Lust
- Recht auf Selbstbestimmung und Selbstständigkeit
- Sicherheit

- Freiheit, Raum und Zeit
- Gesundheit
- Besitz
- Gerechtigkeit
- Frieden

Wut ist eine Reaktion auf eine Kränkung, eine Information darüber, dass sich die Seele verletzt, überfordert, enttäuscht oder ungerecht behandelt fühlt. Sie ist eine neutrale Energie und eine Kraft, die helfen kann, mit dieser Kränkung so umzugehen, dass man in Frieden weiterleben kann.

Je wütender ein Mensch ist, desto mehr lässt das auf seine inneren Kränkungen schließen.

Kirsten hat so erstaunlich heftig reagiert, weil sie an diesem Tag gleich in drei Bereichen betroffen war. Sie war durch das Verhalten ihrer Kinder verletzt und gleichzeitig enttäuscht. Und sie erlebte sich überfordert, weil sie sich als Mutter für den schulischen Erfolg ihrer Kinder mitverantwortlich fühlt. Man könnte also sagen: Ihre Wut ist sehr folgerichtig und damit zunächst einmal durchaus berechtigt.

Gefühle sind uns schon in die Wiege gelegt, sie haben also schöpfungsbedingt einen Sinn. Das bedeutet auch, die Wut kann dazu verhelfen, etwas Gutes für uns zu bewirken. Was ist das eigentliche Ziel der Wut?

Der eigentliche Sinn der Wut ist, den Zustand der Zufriedenheit wieder herzustellen.

Aber welches Ziel wir selbst im einzelnen Fall verfolgen, wenn wir in Wut geraten, hat auch damit zu tun, wie wir Wut erlebt haben und wie wir gelernt haben, mit ihr umzugehen.

Folgende Ergebnisse können wir bewusst oder unbewusst mit der Wut erreichen:

- den bestrafen, der mich verletzt hat
- Gerechtigkeit einfordern
- eine Grenzverletzung aufzeigen
- uns selbst schützen
- die eigene Angst verstecken
- Schmerz verdrängen
- von anderen gesehen werden
- etwas zerstören
- eine Problemlösung finden ...

Wie Wut in Erscheinung treten kann

Diese Erscheinungsformen von Wut sind uns ziemlich bekannt:

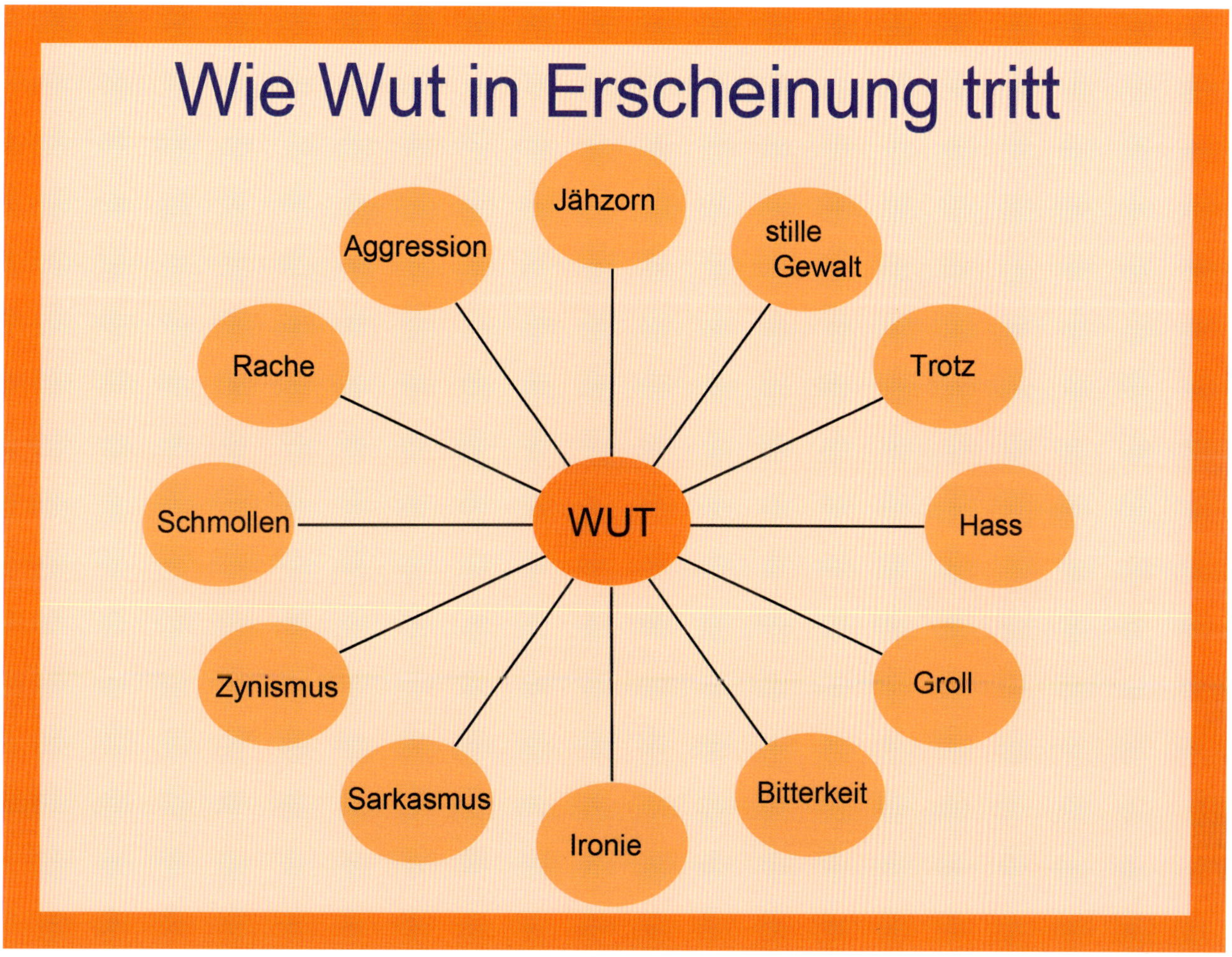

Aber es gibt auch Erscheinungsformen, bei denen sich die Wut versteckt und nicht auf den ersten Blick erkennen lässt.

Wenn ich weiß, wo sich meine Wut versteckt, dann kann ich sie aus dem Versteck holen und auf sie eingehen.

FRAGEN:

- Welche der Ausdrucksformen kennen Sie von sich?
- Welche Kränkung verbirgt sich dahinter?

Der Umgang mit Wut

Je nach unserer Persönlichkeit und unserem erlernten Umgang bringen wir unsere Wut deutlich oder eher versteckt nach außen. Dabei richten wir sie

- bewusst (aktiv)
- oder unbewusst (passiv)
- gegen uns selbst (autoaggressiv)
- oder andere (aggressiv).

Wir haben gelernt, ob Wut „gut" oder „böse" ist, ob sie gefährlich ist, oder dazu genutzt wird, Probleme auf den Tisch zu bringen, um sie zu klären.

Wenn in unserer Familie Konflikte und Schwierigkeiten mit Gewalt (dazu zählt auch verbale Gewalt) „geklärt" wurden, so haben wir gelernt, darauf zu reagieren. Dabei gibt es meist nur zwei Möglichkeiten: Wir werden entweder konfliktscheu oder wir wenden auch geübt Gewalt in Auseinandersetzungen an.

Als konfliktscheue Menschen vermeiden wir Wut. Wir versuchen sie „herunterzuschlucken" und zu verdrängen, d. h. nach außen hin passiv zu bleiben. Innerlich wirkt die verdrängte Wut dann wie in einer Art Wut-Depot weiter. Wir entwickeln Groll, Bitterkeit, Hassgefühle oder lernen, dass man sich eh nicht wehren kann und ergeben uns in unser Schicksal.

Wenn wir Gewalt in Konflikten gelernt haben, dann gehen wir bei Wut in eine Kampfstellung und kämpfen solange, bis die Situation zu unseren Gunsten entschieden ist.

Diese beiden Strategien sind der Beginn von erlernter Hilflosigkeit und/oder einer permanenten Unzufriedenheit.

Es gibt verschiedene destruktive Formen der Wutverarbeitung, die jeweils ein bestimmtes Ziel haben und unterschiedliche Gewinne bringen. Folgende Tabelle könnte eine Hilfe für Sie sein, zu erkennen, wie Sie mit Ihrer Wut umgehen, und ob Gewinn und Ziel Ihres Umgangs mit der Wut für Sie so sinnvoll ist, und Sie das so beibehalten möchten. Letztendlich sind diese Verhaltensweisen alle destruktiv, das bedeutet, dass sie uns selbst oder einem Mitmenschen schaden.

Destruktive Wutverarbeitung

Form	Explodieren	Selbstbestrafen	Verheimlichen	Somatisieren
Ausdruck	tätliche und verbale Gewaltanwendung, aktiv aggressiv	Selbstverdammung, Selbstzerstörung, gedanklich, verbal bis tätlich aktiv autoaggressiv	Ironie, Schmollen, Sarkasmus, Sucht, zu spät kommen, schweigen passiv aggressiv	Magenprobleme, Migräne, Autoimmunkrankheiten passiv autoaggressiv
Ursache	Sammlung von Wutenergie, Druck wird zu stark, kann nicht mehr unterdrückt werden	Angst, den Verursacher anzuklagen und zu bestrafen, Übernahme der Schuld	Sammlung von Wutenergie, Angst vor dem Explodieren, Angst zu konfrontieren, daher verschleierte Aggression	Wut ist nicht erlaubt, wird direkt in Körpersprache umgesetzt
Ziel	Bestrafung	Kontrolle, Selbsterlösung	andere heimlich bestrafen	Verdrängung
Gewinn	kurze Erleichterung	Negativzuwendung, Märtyrerdasein	Schadenfreude	Arzt übernimmt Verantwortung
Konse-quenzen	Zerstörung von Beziehungen, Sachbeschädigung	Selbstzerstörung, erlernte Hilflosigkeit	Zerstörung von Beziehungen	Abhängigkeit

Uns sind in der Regel alle Verhaltensformen bekannt, wir ziehen jedoch für gewisse Situationen häufig eine Form der Verarbeitung vor. Hier soll nochmals erwähnt werden, dass der Umgang mit Wut erlernt und nicht angeboren ist. Daher können wir auch eine andere konstruktive Form erlernen (s. u.). Um das zu tun, brauchen wir das Wissen darüber, wie wir überhaupt mit Wut umgehen. D. h. wir müssen uns zunächst erlauben, uns mit ihr überhaupt zu beschäftigen. Keine Angst, das eigene Wutverhalten anzuschauen, ist an sich nicht gefährlich. Gefährlich wird es auf die Dauer, wenn wir das **nicht** tun, denn dann kann das zur Zerstörung von Beziehungen führen. Das betrifft übrigens nicht nur die Beziehung zu anderen Menschen, sondern auch die Beziehung zu uns selbst und zur Schöpfung allgemein.

Kirsten ist noch den ganzen Tag in Gedanken mit ihrem Wutanfall beschäftigt. Ja, das Wort „Wutanfall" trifft es wirklich ganz gut. Das ist nicht, wie sie reagieren wollte. Auch wenn sie immer noch nicht so ganz versteht, was da passiert war. Irgendwie waren da zwei Tropfen gewesen, die ein Fass zum Überlaufen gebracht hatten. Ein fast gefülltes Fass voll Wut, das ihr gar nicht bewusst gewesen war. Sie schüttelt über sich selbst den Kopf. Dabei sagten ihr immer alle Bekannten, dass sie immer so ausgeglichen wirkt. Wenn die wüssten!

Sie nimmt ihren ganzen Mut zusammen und bittet Anne und Kai ins Wohnzimmer und entschuldigt sich bei ihnen. Sie versucht, ihr Gefühlschaos zu erklären und wartet auf die Reaktion ihrer Kinder. Anne sagt: „Bleib cool, Mama, mein Akku war leer und die Mathearbeit ist auf nächste Woche verschoben worden." Und Kai sagt mit gesenktem Kopf ein leises „'tschuldigung", und dann sind beide wieder in ihren Zimmern verschwunden.

Kirsten sitzt noch eine ganze Weile auf dem Sofa, ziemlich verwirrt. Ihr „Wutanfall" war bei ihren Kindern anscheinend gar nicht als ein solcher angekommen. Da gibt es wohl noch viel zu lernen über das Thema Wut.

„Es gibt noch viel zu lernen über die Wut" – ist nur eine Erkenntnis von Kirsten. Kirsten war immerhin schon im Bereich der verbalen „Gewalt". Und genau das hat sie so sehr erschreckt. Aber genau dieses Erschrecken ist auch eine sehr gesunde Reaktion. Über offensichtliche Gewalt erschrecken wir leicht. Eigentlich sollte uns aber auch die stille Aggression, also der ungesunde Rückzug, der Kampf im eigenen Körper durch psychosomatische Erkrankungen und die anderen „unauffälligeren" Varianten aus der Tabelle erschrecken.

Spätestens dieses Erschrecken sollte uns zur Reflexion bzw. zur Auseinandersetzung mit unserer Wut führen. Je stärker die „erlebte Gewalttätigkeit", desto mehr Zeit und Raum braucht die Betrachtung der Zusammenhänge. Welche „Kränkung" liegt dem allem zugrunde? Welche „Therapie" ist nötig?

Da gibt es einen Umstand, der uns die Beschäftigung mit der Wut leider noch erschwert. Wie wir bei Kirsten schon bemerkt haben, treten Gefühle selten klar isoliert auf. Kirsten befindet sich im Gefühlschaos. Mehrere Gefühle sind miteinander verwoben wie in einem Teller Spaghetti. Die Wut tritt nie allein auf, sie hat immer mindestens eine Kollegin dabei. Wir sind wütend, weil wir Angst haben, weil wir traurig sind, weil wir uns hilflos fühlen, weil uns etwas verletzt hat ... Ergänzen Sie nach eigener Erfahrung.

Je genauer wir ein Gefühl kennengelernt haben, desto besser können wir es von den anderen abgrenzen. Beobachten Sie in nächster Zeit einmal etwas genauer Ihre Wut. Geben Sie ihr einmal die Zeit und den Raum, die sie offensichtlich für ihre Botschaft braucht. Dann kann selbst die Wut sich in Zufriedenheit wandeln.

Kirsten beschäftigt das Thema Wut noch eine ganze Weile. Sie hätte gar nicht gedacht, dass sie in ihrem Alter (immerhin schon 38 Jahre alt!) noch solche Erkenntnisse über ihr eigenes Innenleben haben konnte. Und dann beschäftigt sie noch ein Telefonat, das mal wieder sehr unangenehm war, wie fast immer. Ihre Tante hatte angerufen. Tante Lisbeth war eine stetige Herausforderung für die prinzipiell friedliche Kirsten. Tante Lisbeth hatte mal wieder wegen einer Kleinigkeit angerufen. Aber dann hat es sich in eine fast endlose Aufzählung von Kritik und Empörung entwickelt. Das hatte nicht geklappt und dies war nicht zu ihrer Zufriedenheit usw. Und auch wenn es Dinge waren, mit denen Kirsten gar nichts zu tun hatte; Tante Lisbeth konnte einem immer das Gefühl vermitteln, dass man auch daran irgendwie mit Schuld war. Ein richtiges Gespräch war mit Tante Lisbeth eigentlich schon seit Jahren gar nicht möglich. Es war immer nur eine Ansammlung von Vorwürfen. Kirsten sieht nun Tante Lisbeth zum ersten Mal als eine Art menschliche Gefühlsansammlung. Da war so viel Wut, aber auch versteckte Trauer und Hilflosigkeit. Tante Lisbeth ist auf dem besten Weg, nein, eigentlich ist sie da schon angekommen, eine alte, verbitterte Frau zu werden.

FRAGEN:

- Wann werde ich wütend?
- Woran merken die anderen, dass ich wütend bin?
- Welche Erfahrungen habe ich mit dem Gefühl Wut gemacht?
- Welche Einstellung habe ich zur Wut?
- Welche Fragen habe ich an die Wut?
- Welche Form der destruktiven Wutverarbeitung kenne ich und praktiziere ich am meisten?
- Welches Ziel verfolge ich mit meiner Wutverarbeitung?
- Welche anderen Gefühle treten bei mir im Zusammenhang mit der Wut noch auf?

ÜBUNG 1:

Nehmen Sie sich ein wenig Zeit, und versuchen Sie einmal, sich selbst und Menschen, die sie gut kennen, verhaltensmäßig einzuordnen: Wozu neigen Sie? In welchen Situationen reagieren Sie mehr mit:

- explodieren
- selbstbestrafen
- verheimlichen
- körperlichen Symptomen

Vielleicht haben Sie dieses Verhalten bisher gar nicht mit Wut in einen Zusammenhang gebracht. Vielleicht sehen Sie das eine oder andere sogar recht positiv und können sich nur schwer vorstellen, diese Strategien aufzugeben.

ÜBUNG 2:

Beginnen Sie ein Ärger-Tagebuch. Schreiben Sie sich abends auf:

- Was hat mich heute geärgert?
- Wie habe ich darauf reagiert?
- Was habe ich damit erreicht?
- Was hätte ich gewollt?
- Wie hätte ich es gewollt?
- Was habe ich mit meiner Reaktion bezweckt?
- Worum geht es letztendlich bei meiner Wut?
- Liegt das Problem in der Gegenwart?
- Ist es eine „alte" Wut, die mich schon jahrelang begleitet?

Wenn Wut Sinn ergeben soll

Der sinnvolle Umgang mit der Wut beschränkt sich nicht auf eine einzelne Maßnahme, sondern er ist ein Prozess. Im Folgenden möchten wir diesen Prozessverlauf beschreiben. Betrachten Sie einmal die dargestellte Pyramide:

Energieregulation

Die Basis der Pyramide bildet die Energieregulation. Dabei sind drei Varianten zu unterscheiden:

Typ A: Dazu zählen Menschen, die sich eher von ihrer Wut beherrschen lassen. Dabei ist Wut in einem Übermaß vorhanden und will heraus.

Typ B: Dazu zählen Menschen, die so gut wie keinen Zugang mehr zu ihrer Wut haben. Auch hier kann die Wut in einem Übermaß vorhanden sein, aber sie schlummert im Verborgenen.

Typ C: Dazu zählen Menschen, die sich zwischen Typ A und Typ B bewegen. Wut ist meist kein Problem für sie, aber auch sie können vom konstruktiven Umgang mit der Wut profitieren.

Wir wollen uns zunächst einmal den Menschen widmen, die ständig unter „Strom" stehen und sehr leicht explodieren können.

Typ A:

Menschen vom Typ A brauchen in ihrer Wut als erstes eine Möglichkeit, ihre schnell überbordende Energie zu regulieren. Damit ist zwar der Konflikt noch nicht gelöst und die Verletzung noch nicht verarbeitet, aber es wird die Basis dafür geschaffen.

Welche Möglichkeiten gibt es also, mit zu viel aggressiver Energie klar zu kommen?

1. Wir können die Energie in Bahnen lenken, kanalisieren durch:

    - Sport: joggen, walken, Badminton, Squash, Handball, Rad fahren (gezieltes Treten), Schwimmen (gezieltes Drängen und Drücken), Boxsack boxen, ...
    - tanzen, bewegen
    - Musik machen: aufs Klavier hämmern, Schlaginstrumente, Trommeln, ..., singen, schreien
    - malen, tonen: Die Energie beim Malen lautlos und doch mit „lauten Farben oder Formen" zum Ausdruck bringen, den Ton schlagen, bis er weich ist
    - Altpapier zerknüllen oder zerreißen, Holz hacken, Wohnung putzen
    - Nägel ins Holz reinschlagen, Luftballons zum Platzen bringen
    - Knetball in der Tasche haben und bei Bedarf kräftig kneten
    - ...

Sie sehen, manches hat einen positiven Nebeneffekt, anderes ist scheinbar sinnlos, macht aber dennoch Sinn, weil es Ihnen dazu verhilft, wieder „runterzukommen" und klar zu denken.

2. Wir können versuchen, die Ebenen zu wechseln, indem wir:

    - vom Fühlen zum Denken wechseln: Wir entschließen uns bewusst dazu, bestimmte Gedanken zu denken, die z. B. Freude auslösen (zur Erinnerung, unsere Gedanken bestimmen unsere Gefühle mit): Wir erinnern uns an das letzte Lob, das uns jemand geschenkt hat, oder wir überlegen, wo wir dieses Jahr unseren Urlaub verbringen wollen, welches Buch wir als nächstes lesen möchten ...
    - vom Fühlen zum Tun wechseln: Wir entschließen uns bewusst dazu, jetzt etwas Sinnvolles zu tun, z. B. Fenster putzen oder die Garage aufräumen, sich selbst einen Blumenstrauß zu kaufen, ...

3. Wir können eine Art Gedankenstopp einüben:

    - Manche Menschen haben für sich ein bestimmtes Wort ausgewählt, das sie dann innerlich immer wieder aussprechen, bis sie wieder von der Hochspannung heruntergekommen sind, je länger das Wort desto besser; z. B.: Heuwägelchen, Überziehergarderobe, ...

4. Wir können den Ort wechseln:

Herausgehen aus dem Raum, in dem die Hochspannung wirkt, z. B. in die Natur oder unter ganz andere Menschen. Hier werden wir mit anderen Sinneseindrücken konfrontiert, die uns auch dazu verhelfen können, wieder „herunterzukommen“. Wenn kein großer Ortswechsel möglich ist, auf die Toilette gehen.

5. Wir können eine Spontanentspannungstechnik einsetzen:

Entspannung ist hier gemeint als das Gegenteil von der Anspannung, die wir in Wutphasen erleben. Je tiefer die Kränkung ist, desto größer auch die Anspannung. Entspannung hilft uns daher auch, wieder „Boden unter den Füßen zu bekommen“, um einen Konflikt konstruktiv angehen zu können.

Für die Energieregulation eignen sich vor allem folgende Techniken:

Das gezielte Atmen:

- Atmen Sie etwas tiefer ein als Sie es gewöhnlich tun
- Dann atmen Sie in einer Bewegung wieder aus, ohne den Atem nach dem Einatmen anzuhalten
- Wenn Sie ausgeatmet haben, dann halten Sie den Atem für ca. 6–10 Sekunden an (zählen Sie in Gedanken von 1001 bis 1006 oder 1010)
- Nachdem Sie den Atem angehalten haben, atmen Sie wieder in einer Bewegung ein und aus, ohne den Atem anzuhalten
- Halten Sie dann den Atem wieder für 6–10 Sekunden an

Das kühlende Atmen ist vor allem im Sommer angenehm und wenn man das Gefühl hat, vor Wut zu „kochen“. Rollen Sie die Zunge und atmen Sie mit geöffnetem Mund durch die gerollte Zunge. Wenn Sie die Zunge nicht längs rollen können, rollen Sie sie quer, also pressen Sie die Zungenspitze an den Gaumen.

Die progressive Muskelentspannung nach Jacobson: Das Entspannungstraining nach Jacobson ist hier angezeigt, weil es über die tatsächliche An- und Entspannung der Muskulatur direkt wirkt. Wie es schon der Name sagt, ist es ein Training. Man kann sich diese Entspannungstechnik in Kursen oder auch autodidaktisch mittels CDs, die es heute überall zu erwerben gibt, antrainieren.

6. Wir können Zeichen setzen

- Wenn man mit mehreren Menschen zusammen lebt oder arbeitet, ist es oft schwierig, einen Konflikt an Ort und Stelle und zum Zeitpunkt des Entstehens auszutragen, man muss ihn irgendwo „parken“. „Parken“ bedeutet dabei nicht verdrängen. Ich sage mit einem Zeichen, dass mir etwas negativ aufgestoßen ist, das ich im Moment nicht ansprechen kann, aber zum geeigneten Zeitpunkt am geeigneten Ort Thema sein wird. Dazu kann man eine der folgenden Maßnahmen vereinbaren:
- die rote Karte: Jeder bekommt eine rote und gelbe Karte. Bei einem Konflikt lege ich meine rote oder gelbe Karte dem Konfliktbeteiligten an einen vereinbarten Ort oder ich gebe sie ihm direkt. Je nach Häufung eines Problemverhaltens oder Tiefe der Kränkung die rote oder gelbe Karte (man kann natürlich auch eine grüne Karte verteilen).

- Wutzettel oder Wutbuch: Bei einem Konflikt wird der Ärger entweder auf einen Zettel geschrieben und an eine vereinbarte Pinnwand geheftet oder in ein Buch geschrieben, das am vereinbarten Platz liegt und von jedem der Gruppe gelesen werden kann (man kann natürlich auch was Gutes reinschreiben oder an die Wand pinnen).

- Stimmungswürfel: Es gibt Würfel die auf ihren Seiten je ein Gesicht mit einer Stimmung aufgemalt haben. Man kann das Wutgesicht dem betreffenden Menschen auf seinen Platz legen. Man kann solche Würfel auch selbst basteln und mit verschiedenen Graden von Wut kennzeichnen: Unzufriedenheit, Ärger, Wut, kurz vorm Platzen, steigende Ungeduld, jetzt reicht's endgültig, ...

Auf solche Zeichen – je nachdem, wie man das als Paar oder als Gruppe abgesprochen hat – kann auch der Konfliktpartner dem Gekränkten entgegenkommen. Solche Zeichen entzerren die Intensität und geben Zeit, sich langsam mit einem Konflikt auseinanderzusetzen.

Typ B:

Menschen, die das Wutempfinden so verdrängt haben, dass sie die Wut gar nicht mehr spüren können, brauchen natürlich diesen Energieregulationsteil nicht.

Sie können (und dürfen!) sich erst einmal über Selbstbeobachtung den für sie „ungefährlichen" Seiten ihres Wutausdruckes nähern.

Hierzu macht es Sinn, zunächst eine Zeit lang ein Ärger-Tagebuch zu führen, um herauszufinden, wo sich Ihre Wut verbirgt und wie Sie mit ihr umgehen.

Dazu brauchen wir die Informationen des vorangehenden Abschnitts, nämlich Ausdrucks- und Erscheinungsformen der Wut. Sehen Sie dazu noch einmal das dazu gehörige Schaubild an.

Fragen Sie sich:

- Wo war ich heute ungeduldig, unzufrieden, innerlich angespannt, ..., und welches waren die Auslöser dafür?

- Welche Kränkung steckte dahinter?

- Wie habe ich darauf reagiert?

- Wichtig ist, die wirkliche Kränkung dazu herauszufinden, d. h. den Wutverursacher:

- Ist es jemand aus der Gegenwart oder

- jemand, der mich an einen Verursacher in der Vergangenheit erinnert hat (eine „alte" Wut) oder

- bin ich es selbst?

Verbirgt sich meine Wut hinter einer Angst? Verbietet ein „altes" Verbot die Wut? Welches Ziel habe ich heute mit meinem Wutverhalten verfolgt?

Sehen Sie sich hierzu bitte noch einmal die Tabelle über das destruktive Wutverhalten an, sie kann Ihnen hierüber Aufschluss geben.

Hier soll nochmals ganz klar darauf hingewiesen werden, dass Wut kein „schlechtes" Gefühl ist, sondern einfach eine Information darüber, dass Sie verletzt worden sind. Ziel ist, diese Verletzung nicht „zuzupflastern", sondern zu verarbeiten. Wut dient dazu, das zu erkennen.

Wenn die Wut versteckt und nicht beantwortet wird, dann kann sie leicht dazu führen, dass sie wie eine Wunde, die man ungereinigt verbindet, eitert und die Seele und den Körper von innen heraus auffrisst (körperliche Symptome (somatisieren), Selbstbestrafung, Verbitterung) oder andere von ihr angesteckt werden (Wut heimlich ausagieren, explodieren).

Niemand kann uns helfen, wenn wir unsere Wunden zudecken. Deshalb ist es so wichtig, die Verletzungen und Kränkungen beim Namen zu nennen. Dazu brauchen wir die Wutanalyse.

Typ C:

Kirsten gehört in den Bereich von Typ C. Meistens ist Wut kein Thema für sie, aber sie kann auch schon mal zornig werden. Sie kann ab und zu von einer Energieregulation profitieren und hat dazu auch schon ihre eigenen Strategien entwickelt. Wenn sie in der Wut das Wohnzimmer saugt, dann ist danach die Wutenergie verbraucht und das Wohnzimmer ist nebenbei auch noch sauber.

Und wenn sie sich einmal Zeit dafür nimmt, dann hat sie auch einen Gewinn durch die Wutanalyse, die wir jetzt betrachten.

Wutanalyse

Ab hier geht der Verarbeitungsprozess für alle Typen gemeinsam weiter:

Der nächste Schritt bei der Beantwortung unserer Wut ist zu fragen, was eigentlich passiert ist.

Hierzu können folgende Fragen dienen:

1. Was hat mich verletzt?
   War es der Inhalt einer Botschaft, der Blick, der Ton, mit dem die Botschaft vermittelt wurde? War es das Verhalten oder „Nicht-Verhalten", das mich kränkte? War es eine Beleidigung, die mein Tun oder meine Person betraf?

2. Wer wurde verletzt?
   War ich es als erwachsener Mensch, der heute lebt? War es ein Teilbereich meiner Seele von früher, mein „inneres Kind"? War es meine Rolle bzw. Position, z. B. als Vorgesetzter oder Elternteil?

3. Was war Angriffspunkt der Verletzung?
   War es mein Körper oder meine Seele? War es mein Verhalten? War es meine Würde als Mensch?

4. Wodurch wurde die Verletzung zugefügt?
   War es eine tätliche Aggression oder stille Gewalt? Jähzorn, Schmollen des anderen? Sachbeschädigung, Gedankenlosigkeit?

5. Wie habe ich reagiert?
   Aggressiv, konstruktiv, hilflos, anklagend, entschuldigend, verteidigend, rechtfertigend, arrogant, kindlich, somatisch, zynisch, sarkastisch, autoaggressiv, ...?

6. Habe ich meine Wut an die richtige Adresse gerichtet?
   An den Verursacher von heute, oder den Verursacher aus der Vorstellung (Vergangenheit oder Zukunft), an mich selbst, oder an Gott und die Welt im Allgemeinen?

7. Was wollte ich mit meiner Wut erreichen? Was war mein Ziel?
   Kampf, Flucht nach innen, Bestrafung, unsichtbar werden, darüber reden und den Konflikt aus der Welt schaffen?

8. Wie habe ich mich nach meiner Reaktion auf die Verletzung gefühlt?
   Stark, hilflos, wütend, traurig, voller Scham, ängstlich, wie ein Kind, einfach besser?

9. Was hätte ich gebraucht?
   Vom Verursacher, von mir selbst, von den Dabei-Stehenden?

10. Was habe ich erreicht? Was waren die Folgen meines Verhaltens?
    Verbesserung oder Verschlechterung der Situation? Wurde ich selber zum Verursacher und alles beginnt von vorne?

Wertschätzende Umgangsform – was hätte ich gebraucht?

Erst wenn ich den Schaden so in Augenschein genommen habe, kann ich mit der Schadensbehebung bzw. -begrenzung beginnen. Als Bild könnte hier ein Autounfall dienen. Erst muss die Unfallanalyse erfolgen, dann der Unfallschaden erfasst werden und danach kann die Reparatur erfolgen.

Der nächste Schritt ist dann zu fragen, wie ich mir den Umgang mit der mich kränkenden Person gewünscht hätte. Wenn wir unseren Ärger zum Ausdruck bringen und damit dem Verursacher mitteilen, was genau uns verletzt hat, ist das schon ein guter Anfang. Dann weiß der Angesprochene, was er in Zukunft unterlassen sollte. Aber er hat vielleicht noch keine Ahnung, was er stattdessen machen sollte. Diese Dynamik geschieht oft in Paarbeziehungen. Der eine Partner meint es gut, verhält sich aber so, dass es den anderen verletzt. Nach der Kritik des Partners fühlt er sich hilflos, weil er nicht weiß, wie er es hätte anders machen sollen.

Weitere Fragen führen uns dahin, was wir uns gewünscht hätten bzw. was wir gebraucht hätten:

1. War die äußere Form stimmig bzw. der Rahmen?
   Zwischen Tür und Angel-Bemerkungen sind häufige Konfliktauslöser. Dazu zählt auch die Äußerung einer kritischen Botschaft im Beisein von anderen. Welches wäre der geeignete Ort, die geeignete Zeit für mich gewesen?

2. Wie hätte ich mir den Blick, den Ton, die Haltung des anderen gewünscht?
   Z. B. nicht wie ein Kind, ein Sündenbock oder wie ein Tyrann behandelt zu werden, sondern auf Augenhöhe mit Respekt und Wertschätzung.

3. Was hätte ich inhaltsmäßig gebraucht?
   Z. B. nicht nur Kritik, sondern auch das, was gut war, auch Ermutigung, Motivation, ...

4. Wie hätte ich mir die Haltung des anderen gewünscht?
   Z. B. gleichwertig, wenn auch nicht mit dem gleichen Status.

Versuchen Sie so konkret wie möglich das im Geiste zu formulieren, was Sie sich gewünscht hätten und was Sie sich für eine ähnliche Situation in Zukunft wünschen. Wenn Sie möchten, schreiben Sie es sich auf.

Phase des Schmerzes durchgehen

Auch wenn wir erkennen, was uns gekränkt hat und wie wir es gewollt hätten, dann werden wir trotzdem mit dem Schmerz der Kränkung konfrontiert. Die Kränkung schmerzt mich, sie tut weh und ist oft sogar körperlich spürbar.

Wie wir damit umgehen können, wird hauptsächlich im Kapitel über die Trauer gezeigt.

Vorab sollen schon hier einige Schritte aufgezeigt werden, die es uns ermöglichen, den konstruktiven Prozess im Umgang mit der Wut weiterzugehen.

Wichtig ist, dass wir den Schmerz nicht verdrängen, höchstens ihn eventuell „parken“, bis es eine gute Zeit ist, ihn zuzulassen. Zum Ausdruck zu bringen, was weh tut, das ist bereits der Beginn der konstruktiven Verarbeitung.

Manche Verletzungen haben uns Illusionen geraubt bzw. uns mit Wahrheiten konfrontiert. Vielleicht müssen wir uns von Träumen und Illusionen verabschieden, z. B. von der Illusion, dass es auf unserer Welt gerecht zugeht oder dass Menschen treu sind und immer die Wahrheit sagen. Solch eine Desillusionierung ist schmerzhaft, befreit uns aber von ungesunden Lügen, wie z. B. dass der Vorgesetzte uns wie ein Vater behandeln müsste, oder dass andere Menschen für mein Glück verantwortlich sind und wir nur den richtigen Menschen brauchen, damit es uns gut geht.

In der Phase des Schmerzes treten die not-wendigen Bedürfnisse wieder in den Vordergrund. Das bedeutet, Sie können jetzt dafür sorgen, dass es Ihnen heute gut geht.

Bedürfniserkennung – was brauche ich jetzt?

Was tut mir jetzt als Erwachsenem gut:

- Was braucht mein Körper jetzt,
- was meine Seele und
- was mein Geist?

Wichtig ist, dass ich mir die Zeit zum Verdauen der Ereignisse gebe. Zusätzlich kann es sein, dass ich dringend Trost benötige.

Es kann mir helfen, z. B. einen Brief an den „Täter“ zu schreiben. Ich kann den Brief abschicken oder auch erst einmal liegen lassen, später nochmals laut durchlesen und dann abschicken, wenn ich denke, das tut gut. Ich kann ihn aber auch verbrennen, begraben, zerreißen, im Reißwolf schreddern, ...

Vielleicht ist mir nach einem klärenden Gespräch mit dem „Täter“. Solch ein Gespräch kann ich eventuell mit Freunden im Vorfeld besprechen oder im Rollenspiel einüben.

Wenn „alte“ Verletzungen berührt wurden, ist mein „inneres Kind“ beteiligt. Was braucht es jetzt von mir? Welche Botschaft muss es hören, welche Art von Zuwendung hilft ihm? Dazu können Sie sich tatsächlich ein Kind vorstellen und überlegen, womit Sie es trösten möchten.

Selbstfürsorge / Verantwortung übernehmen

In der Regel braucht das „innere Kind“ einfach Zuwendung mit fürsorglichen Worten nach innen: „Ich akzeptiere, dass jetzt diese kindlichen Gefühle da sind und habe Verständnis dafür. Das Kind braucht die Sicherheit, bzw. die Versicherung, dass ich als Erwachsener es nicht mehr alleine lasse. Es braucht die Erklärung, weshalb es jetzt so fühlt, wie es fühlt und die Erlaubnis dazu. Und es braucht die Hoffnung auf Versorgung der „alten“ Wunden.

Es kann sein, dass Sie dazu Unterstützung brauchen. Hier darf man auch gerne Hilfe von außen in Anspruch nehmen. Es ist keine Schande, alte kindliche Verletzungen zu haben und sie aufzuarbeiten.

Schändlich wäre es eher, dieses „innere Kind“ mit seinen alten Verletzungen nicht ernst zu nehmen. Denn dann gehen Sie genauso verletzend oder vernachlässigend mit ihm um, wie die Fürsorgepersonen mit ihm damals. Sie sind nicht schuld an den Verletzungen des inneren Kindes, aber Sie könnten durch dessen Vernachlässigung heute noch an ihm schuldig werden. Sie dürfen im nächsten Schritt des Prozesses die Verantwortung für sich und Ihr „inneres Kind“ konkret übernehmen.

Nach all den klärenden Fragen und Reflexionen kommt nun die Zeit, aktiv zu werden und angemessene Schritte zu unternehmen. Das könnten beispielsweise sein:

- den Kontakt mit dem Verursacher suchen
- die eigenen Grenzen gezielt und ganz konkret aufzeigen
- ggf. eine Versöhnung anstreben oder auch eine Trennung

Als Antwort auf die Kränkung übernehme ich Selbstverantwortung. Dies stärkt mein Selbstbewusstsein. Dieser Prozess bereitet mich auf das Erleben zukünftiger kränkender Erlebnisse vor. Der konstruktive Umgang mit Wut hat eine innere Stärke zur Folge.

Dabei können Sie Folgendes erleben:

- Ich komme aus der Passivität heraus
- Ich behaupte meine Grenzen gegenüber anderen
- Durch die Konfrontation wird meine Persönlichkeit für andere klarer sichtbar
- Ich erfahre Wertschätzung und Ansehen
- Ich erlebe mich als Hüter meiner Würde
- Andere machen mich nicht zu ihrem Spielball
- Ich entdecke mich immer mehr
- Ich trete für Recht und Gerechtigkeit ein

Wenn Ihnen das begegnet, genießen Sie es und freuen Sie sich darüber, dass Sie zur Wut fähig sind.

Nun sind Sie an der Spitze der Wutpyramide angekommen. Wenn Sie durch emotionale Schwierigkeiten hindurch gegangen sind, ist das ein Trainingseffekt wie bei einem körperlichen Training. Genießen Sie die Stärke, die Ihnen dieses Training verleiht und bleiben Sie dran.

FRAGEN:

- Welcher Wut bin ich immer wieder aus dem Weg gegangen?
- Kenne ich bei mir „alte“ Wut?
- Welche Personen in der Gegenwart reißen bei mir immer wieder „alte“ Wunden auf?
- Was könnte mir helfen, alte Wunden anzugehen?
- Weiß ich, welche Kränkungen mein „inneres Kind“ hat?
- Wie gehe ich mit den Kränkungen meines inneren Kindes um?
- Kenne ich den inneren Frieden nach einer durchgestandenen Kränkung schon?

Verbitterung oder Versöhnung?

Michael und Kirsten sitzen gemeinsam im Wohnzimmer, jeder einen Teil der Tageszeitung in der Hand. Kirsten zeigt Michael einen Artikel: „Schau mal, dein Vater hält hier ganz in der Nähe nächste Woche einen Vortrag." Michael sieht gar nicht hin und brummt nur vor sich hin. Kirsten seufzt innerlich. Sie weiß, dass Michael und sein Vater seit vielen Jahren keinen richtigen Kontakt mehr haben, aber sie gibt die Hoffnung nicht auf, dass sie sich doch mal wieder annähern könnten. Zaghaft fügt sie an: „Wie wäre es, wenn wir einfach hingehen würden?" Michael schaut ihr direkt ins Gesicht: „Du meinst, wir sollen zu einem Vortrag meines Vaters fahren, von dem wir zufällig aus der Zeitung erfahren haben, nachdem wir seit mindestens fünf Jahren keinen Kontakt mehr hatten, außer einer extrem lieblosen Geburtstagskarte? Hältst du das wirklich für eine gute Idee?"

Die Stimme von Michael wird bei fast jedem Wort zynischer und aggressiver. Das tut ihm leid, weil Kirsten ja wirklich nichts dafür kann. Aber allein der Gedanke an seinen Vater macht ihn schon zornig. Der Herr Professor hatte jahrelang keine Gelegenheit ausgelassen, um seinem Sohn deutlich zu machen, dass er von seinem mittelmäßigen Studium (keine Doktorarbeit!) und von seiner nicht vorhandenen Karriere (diese mickrige, unbedeutende Firma!) und von der Wahl seiner Ehefrau (so eine kleine Bibliothekarin, die ist dir doch gar nicht angemessen!) einfach nur enttäuscht war. In absolut keinem Lebensbereich hatte Michael es seinem Vater recht machen können. Michael ist trotz jahrelanger Funkstille immer noch sehr verletzt. Eigentlich ist er ein friedlicher, versöhnlicher Mensch und wünscht sich auch ein gutes Miteinander mit seinem Vater, aber seit dem Tod seiner Mutter vor einigen Jahren ist auch dieses letzte verbindende Glied zwischen Vater und Sohn dahin. Michael kann sich gar nicht mehr vorstellen, dass es jemals zu einer Versöhnung zwischen ihm und seinem Vater kommen könnte. Das findet er zwar schade, aber wenn sein Vater sich nicht änderte, sah er da einfach keine Chance.

Was geschieht mit nicht oder destruktiv verarbeiteten Kränkungen?

Wenn wir die Verletzungen und Kränkungen in unserem Leben nicht aufarbeiten, dann bleibt der Schmerz in seiner Wunde bestehen und wirkt beständig im Hintergrund weiter.

Es ist wie bei einem Dorn, der in einer Wunde steckt. So wie die Wunde bei erneuter Berührung wieder schmerzt, so können nicht verarbeitete Kränkungen durch bestimmte Auslöser wieder und wieder wehtun. Solange der Dorn nicht entfernt wird, solange bleibt der Schmerz. Mit billigen Trostpflastern zupflastern hilft nicht! Dazu kommt die Gefahr einer Infizierung. Es eitert und im schlimmsten Fall wird es eine Blutvergiftung, die zum Tod führen kann.

So ist es auch bei tiefen Kränkungen, die noch nicht aufgearbeitet wurden. Immer wieder aufflammende „alte" Wut sammelt sich in einer Art „Wut-Depot" und verwandelt sich zu Groll. Wenn Groll keine (Er-)Lösung findet, verhärtet er sich zur Bitterkeit. Und Bitterkeit ist wie ein Gift, das unser ganzes Leben verseucht.

Folgen von verdrängten Verletzungen – von den in der Wunde festsitzenden Dornen – können also sein:

- Die Verletzung eitert und erzeugt neue Verletzungen. → Beziehungen gehen kaputt.
- Billige Trostpflästerchen können eine Wunde zwar verstecken aber auf Dauer nicht verhindern, dass sie sich infiziert. → Der Schmerz nimmt zu.
- Das Leben im Hier und Jetzt ist infiziert. → „Alte" Gefühle durchdringen unsere Erkenntnisse und Entscheidungen und steuern so – meist unbewusst – die Gegenwart.
- Kränkungen sagen immer wieder, dass uns etwas fehlt. Der bleibende Mangel kann zu Abhängigkeiten und Süchten führen. → Substanz- und Personenabhängigkeiten
- Die Entwicklung von Groll und Bitterkeit schreitet voran: Erst nur auf den Täter und auf mich selbst, dann kann sich die Bitterkeit auf alle Beziehungen, letztlich auch auf die zu Gott und zur ganzen Welt, beziehen. → Überall lauert dann die Feindschaft.
- Rache bestimmt das Miteinander: Solange der Täter noch nicht „verurteilt" ist, haben wir ihn noch in unseren Gedanken, müssen wir noch innerlich mit ihm abrechnen. → Wir sind immer noch an den Täter gebunden.
- Nichtverarbeitetes bindet Energie: Die Beschäftigung mit dem Täter kann unser ganzes Leben bestimmen, auch wenn der Täter bereits gestorben ist oder keine äußerliche Berührung mehr mit uns hat. → körperliche und seelische Kraftlosigkeit
- Eine Fixierung auf die Vergangenheit kann entstehen: Das Leben in der Gegenwart kommt zu kurz. → kein Leben im Hier und Jetzt, keine Zufriedenheit
- Ebenso können wir eine Fixierung auf den Schmerz und die Ungerechtigkeit entwickeln: Das Gute und Schöne hat dann kaum noch Platz. → keine Fähigkeit zum Genießen mehr, keine Zufriedenheit
- Manche Menschen können die Kränkungen auch so vollkommen verdrängen, dass sie quasi eine Decke der Gefühllosigkeit darüberziehen. Diese Decke kann sich in extremer Weise in eine Depression („emotionale Lebensvergiftung") verwandeln. Viele an einer Depression erkrankten Menschen verstecken eine alte Verletzung und die unbeantworteten Gefühle dazu. Eine Ent-Deckung dieser Wut kann dann not-wendig sein.

Das ist eine lange Liste von sehr unangenehmen Lebenserfahrungen. Michael Typisch ist von den meisten dieser schwerwiegenden Folgen einer mangelnden Versöhnung bisher noch verschont geblieben. Bei Tante Lisbeth wird deutlich, wie sich die Folgen einer Verbitterung und Unversöhnlichkeit mit der Zeit in alle Lebensbereiche und alle Beziehungen einschleichen können.

Bleibt die Frage: Wie kann einer Verbitterung entgegen gewirkt werden? Oder: Wie kann der Dorn aus einer Wunde entfernt werden?

Der Versöhnungsprozess ist ein (manchmal langer) Weg, durch den eine Kränkung verarbeitet werden kann. Im Bild gesprochen: Den Weg der Versöhnung zu gehen bedeutet, den Dorn herauszuziehen. Versöhnung ist die Möglichkeit, wieder zur Zufriedenheit im Hier und Jetzt zu gelangen.

Wie geschieht Versöhnung?

Michaels Vater hatte es mit seinem Vortrag sogar in einen kleinen Beitrag in der regionalen Fernsehnachrichten geschafft. Es gab ein kurzes Interview mit Konrad. Michael war erst irritiert, aber dann auch beeindruckt, als er seinen Vater auf dem Bildschirm sah. Sein Vater war selbst mit 73 Jahren immer noch sehr elegant, wortgewandt und präzise. Es müsste doch möglich sein, mit so einem kultivierten Menschen ein versöhnliches Gespräch hinzubekommen, oder? Was hinderte Vater und Sohn eigentlich daran? Wohl letztendlich, dass jeder darauf wartete, dass der andere den ersten Schritt machte und sich natürlich entschuldigte. Und entschuldigen, das lag ihnen wohl beiden nicht, da waren sie sehr verwandt. Michael war klar, wenn er mal ehrlich mit sich selbst war, dass auch er seinen Vater verletzt hatte. Warum war das alles so schwierig und tat immer noch so weh? Je länger er darüber nachdachte, desto mehr entwickelte sich die alte Wut auf seinen Vater. Wie machte Kirsten das eigentlich? Konrad hatte sie doch schließlich auch extrem verletzt mit seiner arroganten Art, in der er ihr klar machte, dass sie nicht „standesgemäß“ sei. Kirsten hatte ihm schon lange verziehen, hatte sie einmal gesagt. Wie hatte sie das eigentlich geschafft?

Kirsten hat Michael einen Anstoß gegeben, sich mit den alten Verletzungen durch seinen Vater zu beschäftigen. Michael konnte sich in den letzten Jahren einfach gar nicht vorstellen, dass es zwischen ihm und seinem Vater irgendwie wieder zu einem halbwegs normalen Umgang kommen könnte. Da waren so viele und so alte Verletzungen. Was hatten sie sich nicht alles in Streitgesprächen an den Kopf geworfen, und was hatten sie alles versäumt, was Entspannung in die Beziehung gebracht hätte! Mit dem Abstand der letzten Jahre kann Michael aber allmählich auch eine etwas andere Sicht der Dinge einnehmen. Vor ihm liegt da aber noch ein langer Weg und er weiß auch nicht, wie sein Vater momentan zu ihm steht. Aber Kirsten wird ihn darin unterstützen.

Versöhnung ist ein Vorgang, den wir täglich erleben können. Viele kleine Auseinandersetzungen und Verletzungen brauchen eine Entschuldigung und ein Verzeihen. Dieses alltägliche Konfliktverhalten wird am Ende dieses Buches nach dem Kapitel über die Scham noch betrachtet.

Nun soll aufgezeigt werden, wie ein Versöhnungsprozess aussehen kann, wenn sehr schwere Verletzungen vorliegen, die tiefe Wunden hinterlassen haben. Dieser Versöhnungsprozess ist nicht einfach und braucht seine angemessene Zeit, weil wir mit all den unangenehmen Gefühlen umgehen müssen, die sich angesammelt haben, damit sie in Zufriedenheit verwandelt werden können. Es geht dabei nicht in erster Linie um Verständnis für den Verursacher der Verletzung oder um Vergebung. Es geht dabei zunächst um die Benennung und die Versöhnung mit dem, was vorgefallen ist, und um einen angemessenen Umgang mit mir selbst. Wenn Ihnen die nächsten Ausführungen zu diesem Thema fremd erscheinen, blättern Sie getrost weiter. Wenn Sie sich selbst oder andere Menschen darin finden können, lassen Sie die angebotenen Ideen einmal wirken und nutzen Sie sie.

Für diesen Versöhnungsprozess kann das Bild eines Gerichtsverfahrens hilfreich sein. Ein Prozess im juristischen Sinne kommt erst dann in Gang, wenn eine Anklage über einen Tatbestand vorliegt, also ein klarer Vorwurf gegen eine Person zu einem bestimmten Vorfall vorliegt. Und genauso verfahren wir beim Versöhnungsprozess, bei dem es darum geht, Kränkungen gerecht zu verhandeln.

Unser Wort „Gericht“ ist mit den Worten „Recht“ und „Gerechtigkeit“ verwandt. Das bedeutet im weiteren Wortsinn: Es geht um das „Richtige“, um eine Berichtigung, um eine neue Ausrichtung. Eine verletzte Seele sehnt sich nach dieser neuen Ausrichtung.

Vor dem Gerichtsverfahren steht die Ermittlung. Was ist eigentlich vorgefallen? Worin bestand die Verletzung damals, worin besteht sie heute? Im weiteren Verlauf werden die Begriffe „Schuld“ und „Verursacher“ oder „Täter“ wichtig. Auch hier ist es wichtig, alles konkret zu benennen. Wer war alles beteiligt? Dabei ist Erinnerung, die wir in uns tragen, nicht immer so ganz klar. Über die Gefühle, die das Betrachten in uns auslöst, kommen wir manchmal auch an eine verschüttete Erinnerung wieder heran.

Dieses genaue Betrachten der Erlebnisse bringt natürlich eine Menge heftiger Gefühle zu Tage. Plötzlich ist das Wort „Rache“ gar nicht mehr so fremd. Der Täter soll leiden und zwar mindestens so sehr wie das Opfer. Rachegedanken können sehr konkret und heftig werden. An diesem Punkt kann man schon einmal vor der Dynamik im eigenen Empfinden erschrecken. Aber ein Leugnen dieser Gedanken und Gefühle wäre an diesem Punkt nur hemmend für den weiteren Prozess.

Nehmen Sie die Vorstellung des Gerichtsprozesses zur Hilfe und lassen Sie in Ihrem Innern den Staatsanwalt, den Richter und die Geschworenen zu Wort kommen. Dabei werden sich vielleicht sogar mehrere Ihrer „inneren Kinder“ zu Wort melden. Manche von ihnen brauchen eine eigene Art des Ausdrucks, vielleicht einen Text, ein Lied, ein Bild, eine Tonfigur, eine Aktion, ... Geben Sie Ihren Gefühlen das Recht, existent zu sein, und schenken Sie ihnen den vorgestellten Gerichtsaal als Raum.

Vielleicht brauchen Sie in Ihrer Vorstellung auch die Möglichkeit, den Täter wirklich zu verurteilen und ihm eine Strafe angedeihen zu lassen. Es geht immer noch um ein zwar vorgestelltes, aber durchaus angemessenes Gerichtsverfahren. Dazu gehört auch eine Strafe, sonst hat das ganze Verfahren keinen Sinn. Sie haben ein Recht auf Gerechtigkeit! Nicht zufällig sind auch die Worte Recht und Rache verwandt. Nun stellt sich an diese Punkt die Frage, was Sie mit diesem Anspruch machen. Rachegedanken auszuleben kann kurzfristig als eine sehr erleichternde (und damit attraktive!) Alternative erscheinen. Rachegedanken konkret auszuleben macht allerdings aus Ihnen als Opfer ebenfalls einen Täter, eine Täterin. Und damit ist langfristig nur ein neues Problem geschaffen. Was können Sie also tun mit dem „Recht auf Rache“?

Der Anspruch auf Gerechtigkeit kann „geparkt werden“. Sie beschäftigen sich erst wieder damit, wenn sie emotional etwas stabiler sind. Oder Sie können dem Täter vorübergehend einige Auflagen machen, was den Kontakt oder sein Verhalten angeht. Sie können auch ganz konkret eine Wiedergutmachung oder Entschädigung fordern. Und Sie können den Täter „begnadigen“.

Natürlich steht auch der Weg offen, das ganze Verfahren zu delegieren. Vielleicht sind wirklich eine Anklage und ein Verfahren vor einem „echten“ Gericht notwendig, um Ihrer Seele wieder zur Ruhe kommen zu lassen. Vielleicht möchten Sie auch das Verfahren an Gott als Richter abtreten und auf seine Gerechtigkeit vertrauen.

Wichtig an diesem Punkt ist, dass die Bindung an den Täter gelöst werden kann. Diese Bindung kann in heftigen gefühlsmäßigen Reaktionen bestehen. Sie kann sich aber auch in endlosen Gedankenspielen (Vorwürfe, Leidensszenarien, Rachevorstellungen usw.) zeigen. Solange die Tat und damit auch der Täter zu viel Raum in Ihrem Leben nimmt, kann keine echte Versöhnung eintreten. Die „Gerichtsverhandlung“ ist ein Teil des Versöhnungsprozesses, der viel Zeit und Raum beanspruchen kann und sicherlich nicht angenehm ist. Aber er kann Sie in die nötige Distanz zur Verletzung und zum Verletzer führen.

Die Versöhnung kann dann mit sich selbst, den Erlebnissen und dem Täter ihren Weg nehmen. Das bedeutet nicht, das Geschehene zu vergessen oder die Bedeutung des Erlebten abzuwerten. Manchmal kann dem Täter nicht wirklich vergeben werden, weil das Erlebte einfach zu schlimm war. Aber eine Teilstrecke auf dem Versöhnungsweg ist immer möglich.

Versöhnung hat letztendlich das Ziel, die (zunächst berechtigten) Ansprüche aufzugeben bzw. hinter sich zu lassen. Ansprüche auf Schuldzuweisung, auf Wiedergutmachung, auf Rache und den Opferstatus. Das kann nur gelingen, wenn Sie mit diesen Ansprüchen „durch" sind, also den Prozess in Richtung Versöhnung gegangen sind.

Dieser Prozess kostet emotionale Kraft. Es kann sein, dass sich danach gar nicht so sehr die erwartete Erleichterung oder sogar Freude einstellen. Es kann passieren, dass nun noch die Trauer über das Geschehene ihr Recht einfordert und erscheint. Dann braucht auch sie noch ihre Zeit.

Wenn wir das „Gerichtsverfahren" mit der schmerzhaften Entfernung des Dornes in der Wunde gleichsetzen, dann kann die Trauerzeit als Wundheilungsphase angesehen werden. Vielleicht bleibt eine Narbe zurück. Aber der immer wieder stechende Schmerz des Dorns in der Wunde gehört dann eindeutig der Vergangenheit an.

Es ist schon ziemlich spät, aber Michael setzt sich trotzdem noch mal an den Schreibtisch in seinem kleinen Arbeitszimmer. Den ganzen Tag schon hatte er sich mit diesen Gedanken herumgeschlagen. Irgendwie hat er nun das Bedürfnis, dass sie auf Papier gebracht werden sollten. Er nimmt sich ein leeres Blatt und zieht einen Strich in der Mitte. Über die linke Spalte schreibt er Konrad, über die rechte Spalte Michael. Und dann sammelt er viele große und kleine Erinnerungen. Alles, womit ihn sein Vater in den vielen Jahren verletzt hatte, schon seit der Kindheit. Erst dauert es eine Weile, dann kommen die Gedanken ganz schnell und plötzlich ist er fertig. Sicher noch nicht ganz, aber die wichtigsten Sachen stehen darauf. Und so viel wie er befürchtet hatte, ist es gar nicht geworden. Dann betrachtet er die andere Spalte. Die war fast noch unangenehmer, aber auch sie füllt sich mit der Zeit ganz ordentlich. Ja, auch er hatte seinen Vater über die Jahre oft verletzt. Und wie er das jetzt so auf dem Blatt Papier sieht, waren es oft ähnliche Dinge. Auf diese Weise hatte er die Beziehung zu seinem Vater noch nie betrachtet. Er hatte sich immer nur als benachteiligt empfunden. Dass es da eine Art Gleichgewicht gibt ... Fast ohne es zu merken, kritzelt er in die untere rechte Ecke eine Waage im Gleichgewicht und eine Justitia, die die Waage in der Hand hält. Das würde seinem Vater gefallen, er hatte schon immer ein ausgeprägtes Gerechtigkeitsempfinden. Je länger Michael das Blatt betrachtet, desto mehr empfindet er ein innerliches Nicken. Ja, so ist es, das ist stimmig und es bietet eindeutig noch Möglichkeiten. Vielleicht ist eine Annäherung an seinen Vater doch noch möglich, bzw. sie war die ganze Zeit schon da und er hatte es einfach nicht bemerkt. Michael legt das Blatt in eine Schublade ...

Der Versöhnungsprozess ist der Weg der Heilung und zum inneren Frieden, ohne ihn bleibt nur die Verdrängung

Was Versöhnung nicht(!) bedeutet:

- vergessen oder verdrängen, was geschehen ist, so als sei es niemals geschehen
- das Verhalten des Täters entschuldigen
- das Geschehene schönreden oder bagatellisieren
- den Täter lieben
- das Verhalten des Täters tolerieren

FRAGEN:

- Wie stark wurde ich in meinem Leben schon verletzt? Versuchen, Sie es einzuordnen auf einer Skala von 1–10.
- Welche Dornen verhindern, dass Wunden in mir heilen können?
- Mit wem oder womit möchte ich mich versöhnen?

  In meiner Innenwelt

  – mit mir selbst

  – mit in der Erinnerung anwesenden Personen

  – mit in der Vorstellung anwesenden Personen

  – mit Gott

  In der Außenwelt

  – mit Personen

  – mit Situationen

Nelson Mandela erzählte, er habe seinen eigenen Unterdrückern vergeben, weil sie ihn sonst zerstört hätten. Er sagte: „*Sie haben mir alles genommen. Sie haben mir die besten Jahre meines Lebens genommen. Ich sah meine Kinder nicht aufwachsen. Sie haben meine Ehe zerstört. Sie haben mich körperlich und seelisch missbraucht. Sie haben mir alles genommen – außer meiner Seele und meinem Herzen. Das alles würde ich hergeben und verlieren, wenn ich mich rächen wollte.*“

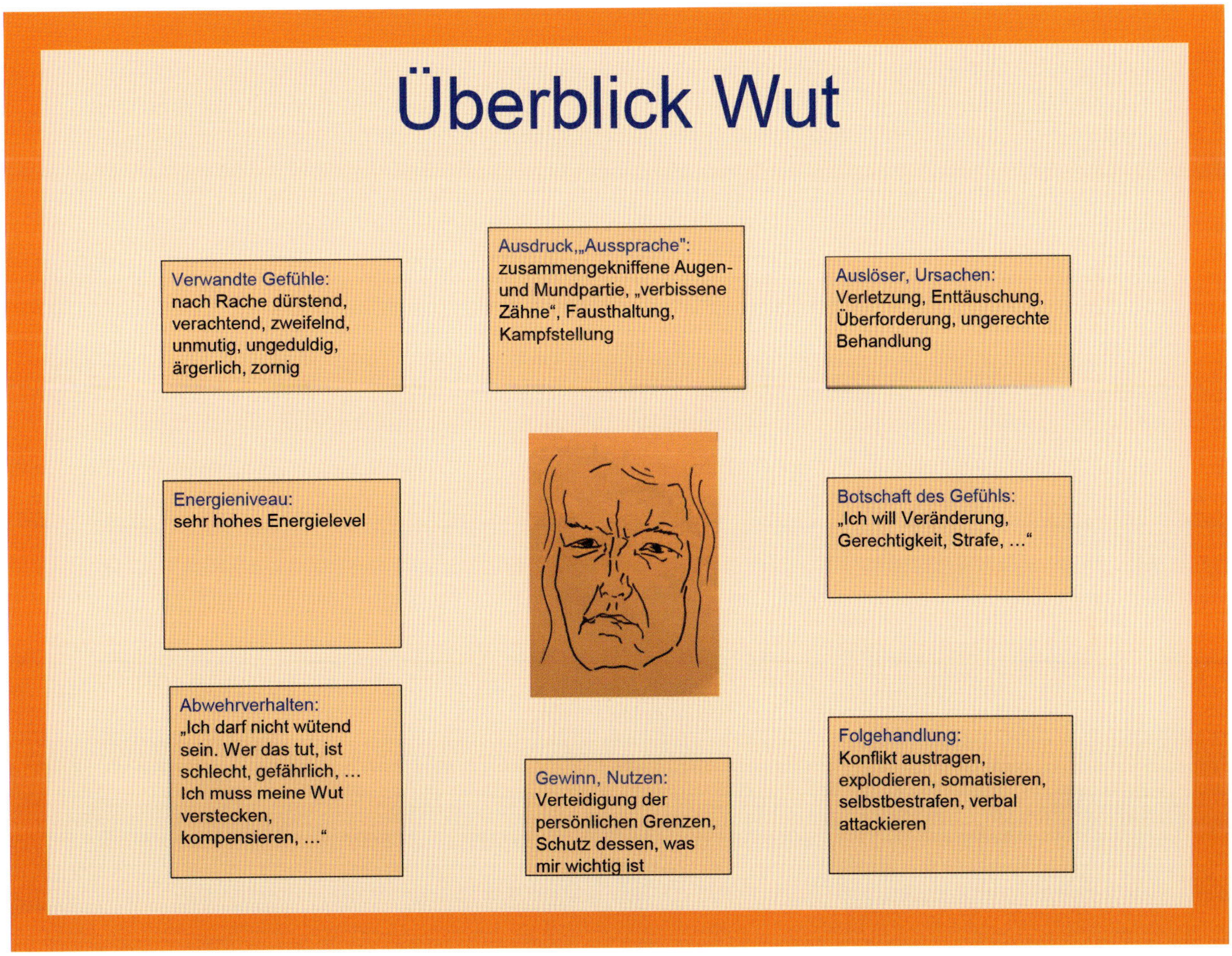
Überblick Wut
Verwandte Gefühle:
nach Rache dürstend, verachtend, zweifelnd, unmutig, ungeduldig, ärgerlich, zornig
Ausdruck„Aussprache":
zusammengekniffene Augen- und Mundpartie, „verbissene Zähne", Fausthaltung, Kampfstellung
Auslöser, Ursachen:
Verletzung, Enttäuschung, Überforderung, ungerechte Behandlung
Energieniveau:
sehr hohes Energielevel
Botschaft des Gefühls:
„Ich will Veränderung, Gerechtigkeit, Strafe, …"
Abwehrverhalten:
„Ich darf nicht wütend sein. Wer das tut, ist schlecht, gefährlich, … Ich muss meine Wut verstecken, kompensieren, …"
Gewinn, Nutzen:
Verteidigung der persönlichen Grenzen, Schutz dessen, was mir wichtig ist
Folgehandlung:
Konflikt austragen, explodieren, somatisieren, selbstbestrafen, verbal attackieren

Angst

Kai geht mit gesenktem Kopf die Straße entlang, langsam, sehr langsam. Seine Mutter würde sagen, er trödelt. Aber eigentlich ist es etwas Anderes. Er braucht in letzter Zeit immer länger für seinen Schulweg. Wenn er nicht schon mit Kopfschmerzen aufwacht, hat er in letzter Zeit immer öfter Magenschmerzen und ihm ist übel. Es ist ganz egal, was er zum Frühstück isst und ob er überhaupt etwas isst. Seine Mutter ist schon ganz fixiert auf dieses Thema: „Kai, bitte geh mir nicht ohne Frühstück in die Schule, dann kannst du nicht denken und dich nicht konzentrieren." Als ob ein Frühstück ihm dabei noch helfen könnte. Es geht nur noch abwärts. Er kann sich wirklich nicht richtig konzentrieren, versteht in manchen Fächern nur noch Bahnhof, und seine Noten gehen immer weiter in den Keller. Seit diesem Schuljahr haben einige Lehrer die Gangart verschärft und es gibt in fast allen Fächern unangesagte Tests oder mündliche Abfragen. Je näher er der Schule kommt, desto langsamer wird er. Aber es hat ja keinen Sinn, denn wenn er schwänzt, wird alles noch schlimmer. Wenn er nicht wüsste, dass das doch gar nicht sein kann, würde er sagen, er hat Kopfschmerzen vor lauter Stress. Und er hat Angst.

Was ist eigentlich Angst?

Angst ist ein Gefühl, dass ganz deutlich Alarmcharakter hat. Angst deutet auf Gefahr hin, eine Gefahr durch Angriff oder Überforderung. Dabei macht die Angst sich auf vielerlei Weise bemerkbar. Sie spricht nicht nur auf der Gefühlsebene mit uns, sondern auch durch Gedanken und auf der körperlichen Ebene. Oft sogar auf allen drei Ebenen gleichzeitig.

Angst ist wie eine Alarmanlage in uns. Sie wird laut, wenn jemand oder etwas unsere Grenzen bedroht und macht uns ganz wach. Sie gibt dem Körper Energie zur Flucht oder zur Auseinandersetzung mit dem Angreifer. Oder sie lässt den Körper erstarren wie bei einem Totstellreflex, so dass die Bedrohung unbemerkt an uns vorübergehen kann. Angst sagt uns, dass wir unsere „Grenzen dichtmachen" müssen, weil vielleicht „der Feind davor steht".

Ziel der Angst ist es, zu schützen

So wie in dieser Definition kennen wir die Angst: plötzlich und heftig. Dann können wir auch verstehen, wofür die Angst gut ist. In schwierigen Situationen müssen wir ganz schnell und intuitiv reagieren, eben mit Flucht, Kampf oder Erstarrung. Das ist auch die Vorstellung von Angst, die Kai hat. Und deshalb tut er sich schwer, seine Schulangst die sich durch Kopf- und Magenschmerzen zeigt, als Angst einzuordnen. Aber es gibt auch Ängste, die unterschwellig wirken, weil sie schon lange da sind und von uns noch nicht beantwortet wurden. Dazu muss man wissen:

Die Fähigkeit zur Angst ist uns angeboren und ist vielleicht sogar die ursprünglichste Gefühlsregung, die wir haben. Aber das, wovor wir letztlich Angst haben, haben wir erlernt.

In bestimmten Altersstufen sind gewisse Ängste natürlich. Sind Fürsorgepersonen da, die auf die Ängste der Kinder eingehen, d. h. den Kindern Sicherheit vermitteln, lernen die Kinder, dass Ängste zum Leben gehören und überwunden werden können. Anfangs geben die Fürsorgepersonen

Sicherheit durch ihr Dasein, Halten, Erklären, Ermutigen, Verteidigen und Schützen. Die Kinder lernen dabei neue Erfahrungen zu machen und eigene Bewältigungsmechanismen zu entdecken. Mit der Zeit verlieren sie diese Ängste, d. h. wenn die Gefahren überwunden werden können, weil ein gewisses Know-how da ist, dann brauchen die Kinder keine Ängste mehr zu entwickeln. Je nach Alter haben wir auch mehr Informationen über angstauslösende Situationen. Als Erwachsener wissen wir, dass es nicht nötig ist, vor Donner Angst zu entwickeln, weil der Donner nicht gefährlich ist. Ein Kleinkind weiß das noch nicht und reagiert mit Angst. Informationen geben Sicherheit.

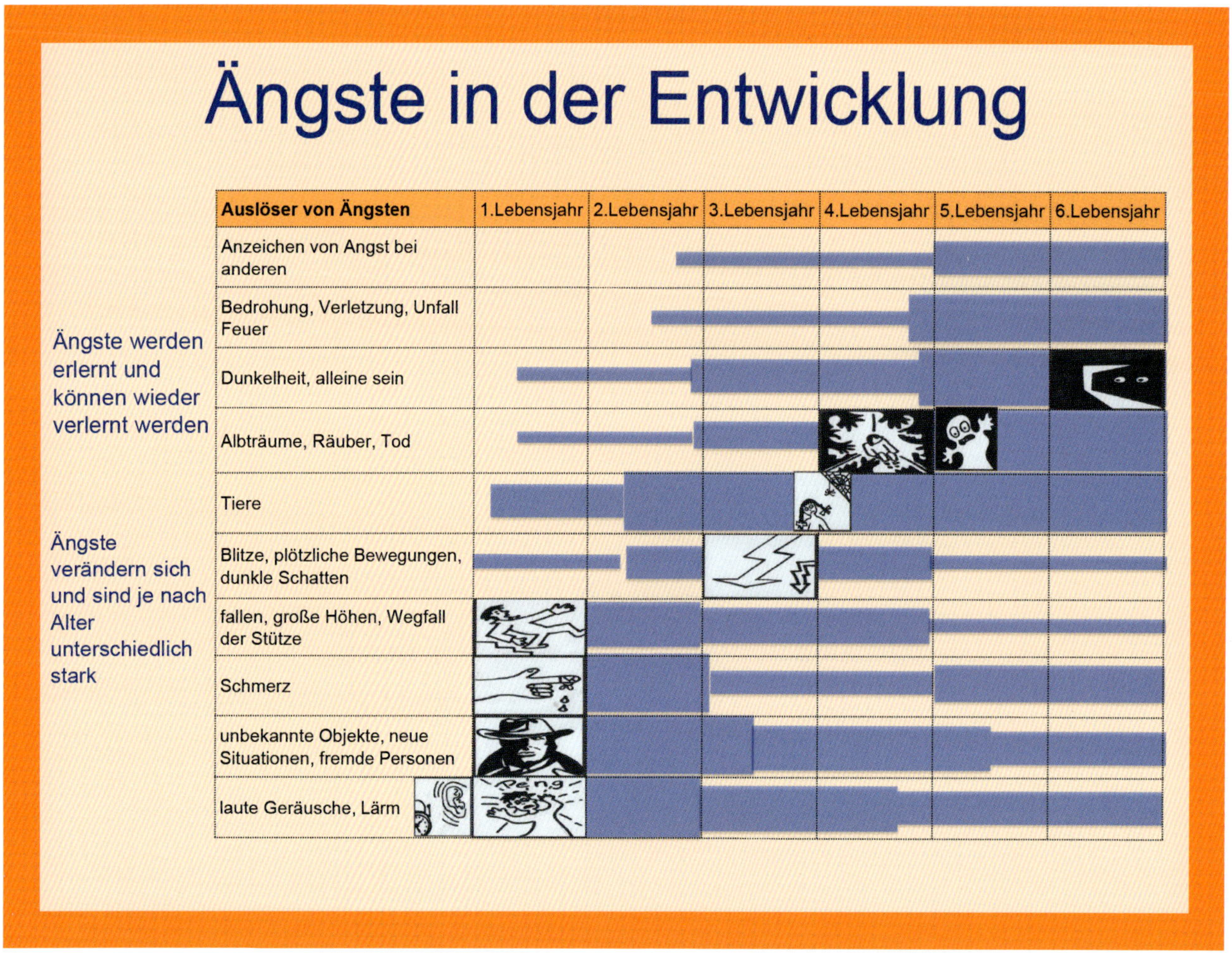

Wir sehen, dass sich die Ängste im Laufe unserer Entwicklung verändern:

Angst im Lebensverlauf

In unseren ersten Lebenserfahrungen erleben wir hauptsächlich:	In unserem Alltag als erwachsener Mensch können noch eine Menge anderer Ängste dazu kommen:	Als Menschen sind wir aber auch oft recht kreativ in unseren Ängsten und fügen noch einige berechtigte oder unberechtigte Zukunftsängste hinzu:
Angst, verlassen zu werden	Angst vor Fehlern und deren Konsequenzen	Angst, dass das Leben nicht gelingt
Angst vor lauten Geräuschen	Angst vor Gesichtsverlust	Angst vor Arbeitslosigkeit
Angst vor Dunkelheit	Angst vor Versagen	Angst, einsam und mittellos dazustehen
Angst vor dem Alleinsein	Angst vor Krankheit	Angst vor Enttäuschung
Angst vor Strafe	Angst vor Neuem	Angst vor dem Tod
Angst vor fremden Menschen	Angst vor Risikosituationen	Angst vor dem Leben
Angst, nicht geliebt zu werden	Angst vor Verlust und Trennung	Angst, das Leben nicht richtig genutzt zu haben
Existenzangst		Angst vor dem Altern

Diese Aufzählungen zeigen, dass Angst viele verschiedene Auslöser hat:

Wir können Ängste entwickeln

- vor Gegenständen / Tieren z. B.: Waffen, Spinnen, …
- vor Situationen z. B.: Naturkatastrophen, Rede halten, …
- vor Menschen z. B.: Autoritätspersonen, kranke Menschen, …
- vor (inneren) Bildern z. B.: beschämende Situationen aus der Erinnerung oder die wir uns vorstellen
- vor (inneren) Worten z. B.: Beleidigungen, übles Nachreden, …
- vor Körperempfindungen z. B.: Herzrasen, Atemnot, starke Schmerzen

Die Erscheinungsformen der Angst sind fast genauso vielfältig:

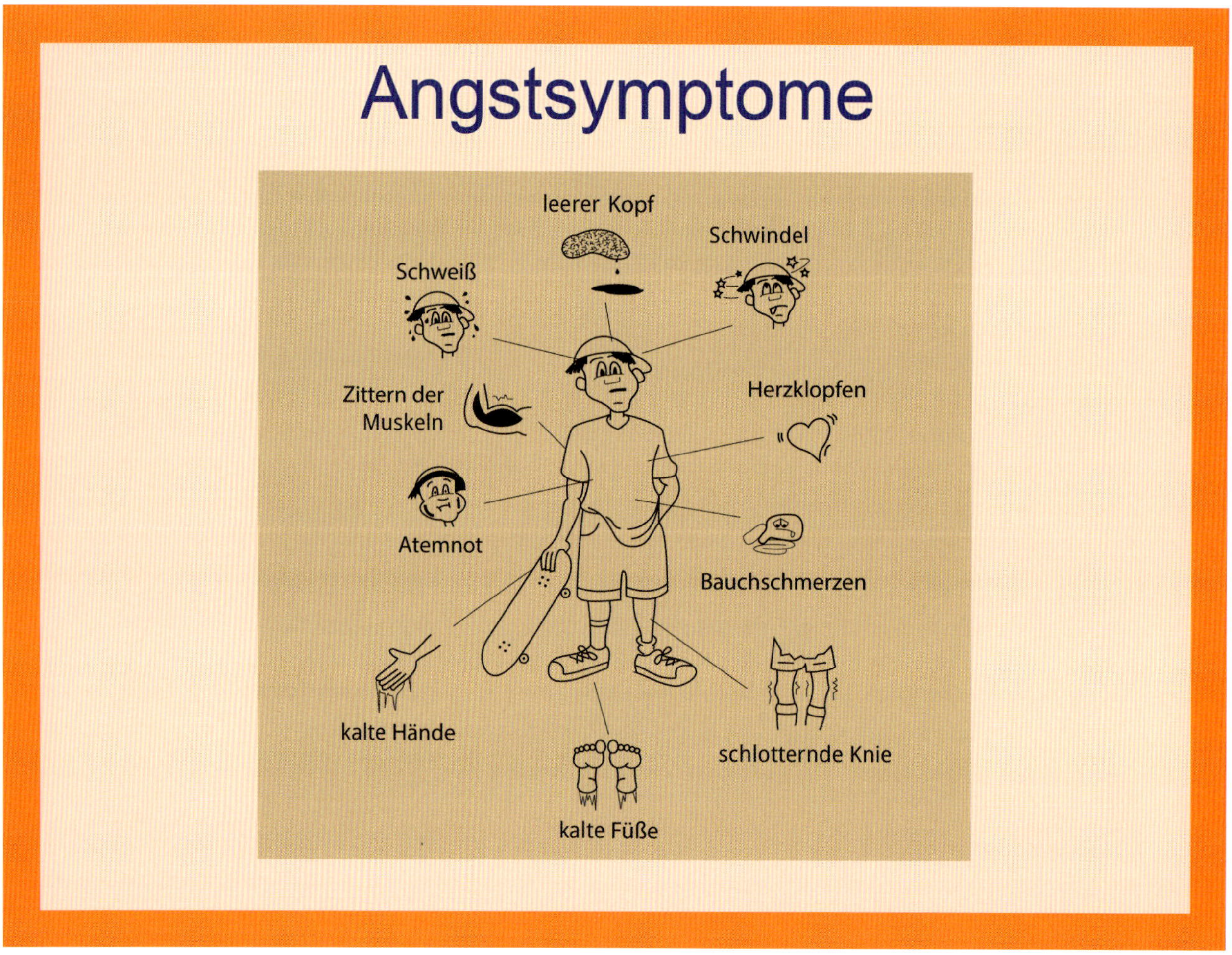

Woran merken Sie, dass Sie Angst haben?

In diesem Bild hätte sich Kai doch recht schnell wieder gefunden und es gar nicht mehr für so abwegig gehalten, dass er einfach Angst vor der Schule hat. Alle sonderbaren und mühsamen Symptome der letzten Zeit könnte er wohl dadurch erklären. Nun ist Kai in unserem Beispiel erst 12 Jahre alt und kennt sich mit seinen eigenen Ängsten noch nicht wirklich aus. Wenn er Glück hat, findet er jemandem, mit dem er sich darüber austauschen kann und lernt seine Ängste besser kennen. Ansonsten kann er zu einem erwachsenen Kai werden, der immer wieder mit psychosomatischen Beschwerden kämpft, die er aber nur selten als Angstreaktion einordnet. So wie sein Vater Michael.

Michael wacht schon vor seinem Wecker auf. Als er so langsam wach wird, kommt der erste Gedanke: „Montag!" Beim Versuch sich einfach nochmals herumzudrehen, merkt er wieder diese Verspannung im Nacken. Irgendwie hat er wohl heute Nacht falsch gelegen, das passierte ihm in letzter Zeit öfter. Er hatte auch schlecht geschlafen, unruhig und viel Unsinn geträumt. Nun ja, eine Tasse Kaffee wird es schon richten. Mitten in diesem schon fast angenehmen Gedanken an den morgendlichen Kaffee aus der schönen neuen Maschine mischt sich ein neuer Gedanke: „Oh nein, heute war ja diese blöde Sitzung. Nicht schon wieder dieses stundenlange Rumgemache ohne Effekt mit diesem Herrn Weber."

Herr Weber ist die personifizierte Herausforderung für Michael: menschlich und arbeitstechnisch, und dann ist er auch noch sein Vorgesetzter. Beim Gang ins Bad spürt er wieder seinen Nacken, diesmal echt heftig. Vielleicht brauchte er heute doch mal eine Schmerztablette. So kann er jedenfalls nicht in die Sitzung.

Michael würde das sicher nicht so nennen, und wenn, dann würde er es wohl als peinlich empfinden, aber Herr Weber und die Vorstellung einer Sitzung mit ihm sind für ihn Angstauslöser.

Die Nackenverspannungen am Morgen schränken Michael bisher nicht wirklich ein. Dass sie meistens am Montagmorgen oder an den Tagen auftreten, wenn er schwierige Sitzungen mit seinem Chef hat, das kann oder möchte er bisher noch nicht sehen. Sein Körper könnte in nächster Zeit noch stärker reagieren. Dann wird er vielleicht richtig heftig krank an diesen Tagen, könnte sich krankschreiben lassen und dadurch ganz offiziell seinem Chef aus dem Weg gehen.

Übliche Angstreaktionen bei aktueller Gefahr

Angst ist eine Reaktion auf eine Gefahr. Unsere Reaktionen auf Bedrohung sind so tief in uns verankert, weil sie bei unseren Vorfahren notwendig waren, um zu überleben.

Daher reagieren wir bis heute hauptsächlich mit folgendem Verhalten auf Bedrohungen:

Flucht:

Je nach Situation ist es sinnvoll, schnell aus der Gefahrenzone zu verschwinden. Sich mit einem Hurrikan auseinandersetzen zu wollen, könnte tödlich ausgehen. Allein gegen ein brennendes Haus zu kämpfen, macht keinen Sinn. Also nichts wie weg.

Auseinandersetzung / Kampf:

In manchen Situationen ist es angebracht, der Bedrohung die Stirn zu bieten und sich damit auseinanderzusetzen. Wenn mich ein Tier angreift, sollte ich mich wehren. Wenn mich jemand anschreit, darf ich zeigen, dass ich mir das nicht gefallen lasse.

Erstarrung / Totstellreflex:

Bei absolut schwerwiegenden Gefahren kann uns unser Organismus dazu verhelfen, uns wie tot zu stellen, d. h. empfindungslos zu machen, um die Schmerzen und Gefühle nicht in voller Wucht erleben zu müssen. Wir können dann innerlich und äußerlich wie bewegungslos werden: Eine Art Narkose für Körper, Seele und Verstand. Die „Narkose“ hilft, existenzielle katastrophale Situationen (Traumata) zu überleben und hält je nach Person und Situation unterschiedlich lange an.

Es gibt dabei auch leichtere Formen des Totstellreflex: Ich reagiere z. B. einfach nicht, wenn ich beleidigt werde, tue so, als ob es mir nichts ausmacht.

Wenn Menschen nicht eingreifen, wenn jemand vor ihren Augen angegriffen wird, dann haben sie sich auch in einen Totstellreflex begeben. Sie wollen unsichtbar sein, damit der „Feind“ sie nicht sieht und sie selbst nicht angegriffen werden. Der Totstellreflex ist dann eigentlich auch eine Flucht, nämlich eine Flucht nach innen.

Wenn Menschen länger unter dieser „Narkose“ leben, kommt es zur Verdrängung. In der Verdrängung sammeln sich die „alten“ Ängste, die unbewusst in uns weiterwirken. Wie bei der „alten“ Wut können diese Gefühle auch durch Auslösereize an die Oberfläche kommen. Im Verdrängungsvorgang wirken Erstarrung und Flucht gleichermaßen. Ziel ist dabei, nicht mit der Bedrohung und den unangenehmen Situationen konfrontiert zu werden.

Verdrängung und ihre Mechanismen

Kai und Michael nehmen ihre Ängste gar nicht wirklich als solche wahr. Sie suchen nach anderen Erklärungsmustern oder verdrängen die Angst. Auch in der Verdrängung von Ängsten können wir zu wahren Meistern werden. Dann können wir hervorragend Lösungsansätze wählen, die uns helfen, die Konfrontation mit der Angst und dem Angstauslöser zu vermeiden.

Vielleicht finden Sie sich in der folgenden Liste von Strategien auch irgendwo wieder?

- **Verleugnung:** „Die anderen sehen das alles falsch, ich habe kein Problem mit der Angst."
- **Bagatellisierung:** „Es ist gar nicht so schlimm, anderen geht es noch viel schlechter."
- **Verdrängung:** „Ich habe keine Angst, denn ich hab alles im Griff."
- **Rationalisierung:** „Ich lese mir alles Wissen über die Schwierigkeit an, dann wird es gut und ich muss keine Angst haben."
- **Vermeidung:** „Wenn ich alles vermeide, was mich an die Bedrohung erinnern könnte und nicht darüber rede, dann ist es gut."
- **Projektion:** „Meine Frau macht sich große Sorgen, sie hat die Angst, nicht ich."
- **Idealisierung des Gegenübers:** „Du bist der Einzige, der mir jetzt noch helfen und mir die Angst nehmen kann."
- **Entwertung des Gegenübers:** „Du hast mir gar nichts zu sagen, hast du denn überhaupt eine richtige Ausbildung?" Hier wird die Angst mit Hilfe der Wut gegen andere verdrängt.
- **Wendung gegen sich selbst:** „Ich bin selbst schuld, ich bin ein Versager. Ich bin halt so schüchtern und trau mich nicht und daran kann man nichts ändern." Hier wird die Angst mit Hilfe der Wut gegen sich selbst verdrängt.
- **Etwas auf die lange Bank schieben:** Das ist vielleicht die leichteste Form der Verdrängung. Hier sind meistens ein innerer Widerstand (Wut) und Angst (vielleicht etwas zu verlieren) miteinander gepaart.
- **Sich in eine innere Welt zurückziehen:** Ich funktioniere nach außen und lebe innerlich in einer Traumwelt. In einer Traumwelt ist alles möglich und niemand stört mich. Hierunter fallen auch die Tagträume. Ich bin nach außen zerstreut, unkonzentriert, ein „Träumerchen".
- **Abspaltungen, Dissoziationen:** „Ich kann mich an gar nichts mehr erinnern, da habe ich eine totale Gedächtnislücke." Bestimmte erlebte Gedächtnis-und Wahrnehmungsinhalte werden so stark verdrängt, dass es einem Gedächtnisverlust gleich kommt. Sinneseindrücke und Situationsinhalte werden abgespalten. Das geschieht i. d. R, bei existenzbedrohlichen Erlebnissen (Traumata) und kann zu Persönlichkeitsspaltungen führen.

Verdrängungsmechanismen haben für uns oft einen negativen Beigeschmack. Es erscheint uns, als ob man etwas Verbotenes täte, wenn man sie anwendet. Sie sind in gewissen schwierigen Zeit jedoch über-lebensnotwendig. Wenn wir merken, dass wir oft solche Mechanismen anwenden, dann wäre es hilfreich zu fragen: „Welche schwierigen Situationen verdränge ich bis heute?" und „Wo habe ich

‚alte' Ängste angesammelt, die heute keinen Sinn mehr haben, sondern eher unfrei oder gar krank machen?"

„Alte" Ängste wirken wie eine Alarmanlage, die nach einem ersten Einbruch nie mehr wieder ausgestellt wurde. D. h. sie haben ihren Sinn – nämlich zu warnen – verloren. Im Gegenteil, sie schaden uns durch das ständige „Schrillen", weil wir aktuelle Gefahren nicht mehr wahrnehmen können. Und sie werden für uns zu einem Problem, da eine echte Gefahr von einer ungefährlichen Umgebung nicht mehr unterschieden werden kann.

FRAGEN:

- Welche Ängste kenne ich bei mir?
- Welche Situationen meide ich?
- Welchen Personen gehe ich lieber aus dem Weg?
- Wie wurde/wird innerhalb der Familie mit Ängsten umgegangen?
- Welche Verdrängungsmechanismen kenne ich von mir?
- Was verstehe ich unter Mut?
- Was gibt mir Sicherheit?

ÜBUNG:

Um herauszufinden wie Sie auf eine Bedrohung reagieren, nehmen Sie einen Bereich, den Sie als bedrohend in Ihrem Leben empfinden und gehen Sie folgende Fragen durch:

- Was ist die konkrete Bedrohung?
- Ist es eine aktuelle Bedrohung oder eine „alte" Bedrohung?
- Was will ich schützen?
- Wie und womit will ich es schützen?
- Ist das ein sinnvoller Schutz?
- Welchen Schutz bekomme ich heute von wem?

Konstruktiver Umgang mit Angst

Kai sitzt in der Pause in der hintersten Ecke des Pausenhofes. Lustlos schaut er sein Pausenbrot an. Er hat keinen Appetit, obwohl er heute noch gar nichts gegessen hat. Da kommt Lukas auf ihn zu und setzt sich einfach neben ihn auf die Bank. Auch das noch, nach reden ist Kai nun gar nicht, und Lukas kann man sich schweigend nicht denken. Es geht auch gleich los: „Also heute war ja echt der Hammer. Als ob Schule überhaupt Spaß machen könnte? Was denkt sich unser Direx bei so einer Ansprache eigentlich? Jeden Tag eine andere Klassenarbeit und dann noch Spaß dran haben? Mir ist eh schon jeden Morgen schlecht bevor ich hier ankomme, und mein Kopf scheint fast zu platzen vor lauter Zeug, was da rein soll. Ach übrigens, willst du mein Brot, ich habe keinen Appetit!"

Kai glaubt sich verhört zu haben. Das waren fast exakt die Gedanken aus seinem Kopf. Er dreht sich zu Lukas um und sieht ihm direkt ins Gesicht. Stimmt, Lukas sieht schlecht aus, lustlos und blass. Kai sagt: „Ja, genau, es ist echt nicht mehr zum Aushalten, man könnte alles hinschmeißen." Lukas dreht sich erstaunt um: „Wie, du auch? Ich dachte immer, du bist so ein Braver, der das schon alles irgendwie wegsteckt und hinkriegt."

Kai und Lukas unterhalten sich die ganze Pause lang und gehen nach der Schule ein Stück gemeinsam. So hat sich Kai noch nie über die Schule unterhalten. Entweder hat er nur über die Lehrer gelästert oder das Thema vermieden. Die beiden Jungen verabreden sich für den Nachmittag zum Skateboard fahren. Dass sie das beide gern machen, wussten sie noch gar nicht voneinander.

Das Gespräch mit Lukas hat natürlich die Schulangst von Kai nicht beseitigt. Aber er fühlt sich nicht mehr allein damit. Dass er sich seinen Eltern nicht anvertraut, ist für einen Zwölfjährigen nicht überraschend. Mit Lukas ist er auf Augenhöhe. Sie können das gemeinsam erleben und gemeinsam Strategien entwickeln. Vielleicht sind auch einige hilfreiche dabei.

Manchmal ist das gar nicht so einfach, herauszufinden, was mir hilft, weil die Angstsymptome so stark sind und wir nur noch am Zittern oder wie „weggetreten" sind. Daher ist es – wie bei der Wut schon gesehen – notwendig, die Symptome in den Griff zu bekommen.

Schauen Sie sich die Pyramide zum konstruktiven Umgang mit der Angst einmal an. Sie erinnert an die Pyramide mit der Wutanalyse.

Energieregulation

Auch bei der Angst ist eine Energieregulation hilfreich, die uns entspannt. Entspannung generell hilft der Angst entgegen zu wirken. Sind wir zumindest körperlich schon mal auf sicherem Terrain, dann können wir gezielt herausfinden, ob es im Moment einen Feind gibt, oder ob das Bedrohliche „nur“ in der Innenwelt vorhanden ist. Tiefenatmung kann auch hier weiterhelfen. Sie bringt uns aus der schnellen flachen Atmung wieder auf ein Normalmaß.

Ängste können sehr stark werden. Wenn ich das Gefühl habe, dass mir eine Angst quasi „den Boden unter den Füßen wegzieht“, dann können hier auch sogenannte „Anker“ in der Gegenwart helfen. D. h. ich nehme ganz bewusst wahr, dass ich Kontakt mit dem Boden habe, was heute für ein Datum ist, wann ich Geburtstag habe und wie alt ich bin, und dass ich noch in der Lage bin planvoll zu denken. Ich kann mir dabei als Hilfe z. B. die Daten auf meinem Personalausweis vorlesen. Ich mache mir dadurch bewusst, dass ich erwachsen bin, auch wenn ich mich im Moment hilflos und klein erlebe. Man kann durchaus auch mit dem inneren Kind reden und es beruhigen. Manchmal kann es helfen, sich innerlich an einen „sicheren Ort“ zu begeben, an dem man „aufschnaufen“ kann, um wieder „Boden unter den Füßen“ zu bekommen und reagieren zu können.

Falls wir innerlich total erstarrt sind, können hier starke Sinnesreize helfen, uns wieder in die Realität zu bringen: z. B. etwas Scharfes essen (Chilis o. ä.), Eis in die Hand nehmen, bestimmte Duftöle, die wir sehr mögen und die uns wieder zur Besinnung bringen können.

Der erste Schritt eines sinnvollen Umgangs mit der Angst wäre demnach: Die Energieregulation, d. h. den Überschuss an Energie zu kanalisieren oder aus der Erstarrung erwachen, um wieder einen klaren Kopf zu bekommen. Erst mit einem klaren Kopf kann ich Ängste konkret beantworten.

Angstanalyse

Dann geht es weiter mit der Angstanalyse. Wir unterscheiden als Erstes, ob die Bedrohung in der Gegenwart, der Vergangenheit oder Zukunft liegt. Denn eine Bedrohung in der Vergangenheit ist keine wirkliche Gefahr für uns als erwachsene Menschen. Eine Bedrohung in der Vergangenheit ist eine Bedrohung für das Kind, das wir damals waren und das noch emotional in dieser Angstsituation gefangen ist. Es ist dort wie eingefroren in die „alten" Gefühle, die wir als Erwachsene zwar spüren, aber oft nicht verstehen können. Wir sagen dann: „Eigentlich dürfte mir solch eine Situation keine Angst machen, es ist doch nichts dabei, niemand tut mir etwas, aber trotzdem würde ich am liebsten davon laufen." (vgl. Michael Typisch und sein Chef). Verstand und Seele sind sich hier nicht einig.

Es ist „sinn"-voll, zu wissen, ob eine Bedrohung überhaupt akut vorliegt, oder ob wir sie uns ein-„bilden" als eine Art Katastrophe, die in der Zukunft eintreten könnte oder ob aus unserer Erinnerung „alte" Ängste durch Auslösereize in unser Bewusstsein hineingeploppt sind. Denn je nach Alter der Angst müssen wir sie unterschiedlich beantworten.

Wenn unser Leben in Gefahr ist, dann müssen wir fliehen (nach innen, oder weg von der Gefahr) oder kämpfen. Da reagieren wir auch meist instinktiv richtig. Der zweite Schritt konstruktiver Angstbewältigung lautet demnach: Die Angst zulassen und anschauen, aus welcher Zeit heraus sie zu uns spricht.

Sobald wir wissen, wer (inneres Kind oder Erwachsener) sich wodurch (Vergangenes, Aktuelles, Zukünftiges) bedroht fühlt, können wir gezielt nach Schutz und Sicherheit fragen.

Jetzt ist der Zeitpunkt gekommen, an dem wir fragen, was notwendig ist, um unsere Grenzen zu sichern und uns zu schützen.

Dazu gibt es die folgende Übersicht:

Was hilft mir bei Ängsten aus der

Vergangenheit

Angst (des inneren Kindes) aus Erinnerung

1. Situation erfassen
2. Fragen: Ist die Situation jetzt lebensgefährlich oder „nur" unangenehm. Bei „Nein" ins Hier und Jetzt zurückkommen
3. Das innere Kind begrüßen, es da sein lassen, wie ein fürsorglicher Elternteil
4. Die Angst des inneren Kindes würdigen, denn sie ist definitiv da
5. Das innere Kind in einem beruhigenden Dialog informieren, dass die Vergangenheit vorbei ist, es trösten
6. Ihm erklären, dass ich als Erwachsener in Zukunft für es sorgen (lernen) will
7. Sich mit dem inneren Kind eins machen
8. Die Wahrnehmung des inneren Kindes für das Hier und Jetzt schulen, was ist wirklich gefährlich?
9. Bereit sein, als Erwachsener mit dem unangenehmen Gefühl der Angst mutig neue Schritte hindurch zu wagen

Gegenwart

Angst (des Erwachsenen) im Hier und Jetzt

1. Situation erfassen
2. Fragen: Ist die Situation lebensgefährlich oder nur unangenehm?
3. Was ist jetzt die reale Gefahr?
4. Welche Reaktion ist jetzt sinnvoll?
   - Flucht
   - Totstellreflex
   - Gegenangriff
   - Durchgehen und neues Land einnehmen (Desensibilisieren)

Zukunft

Angst des inneren Kindes vor der Zukunft

1. Situation erfassen
2. Fragen: Ist die Situation lebensgefährlich oder nur unangenehm?
3. Das innere Kind entlasten. Es muss sich nicht um die Zukunft sorgen, das macht der Erwachsene
4. Er sollte jetzt die Fürsorgeposition einnehmen, die in der Vergangenheit nicht von den dafür verantwortlichen Fürsorgepersonen eingenommen wurden: Das ist „Selbst-ver-antwortung"

Zukunftsangst des Erwachsenen

1. Situation erfassen
2. Fragen: Ist die Situation lebensgefährlich oder nur unangenehm?
3. Was ist jetzt die reale Bedrohung?
4. Was könnte ich heute schon dazu beitragen, um evtl. eintretende Katastrophen zu mildern?
5. Den „schlimmsten Fall" durchspielen, nicht bei der Katastrophe stehen bleiben
6. Bewältigungsmechanismen, Vertrauen in Gott stärken

Durch die Beschäftigung mit der Tabelle kann deutlich werden, dass die Ängste aus der Gegenwart fast noch am einfachsten zu handhaben sind.

Die Ängste aus der Vergangenheit brauchen Aufarbeitung, die Ängste, die wir uns bezüglich der Zukunft machen, brauchen eine „sinn"-volle Vorsorge und nicht ein ständiges Grübeln.

FRAGEN:

- Welche Ängste sind mir aus meiner Kindheit noch bekannt?
- Wie ging man in meiner Herkunftsfamilie mit Ängsten um?
- Wie habe ich als Kind auf meine Ängste reagiert?
- Sehe ich Zusammenhänge zwischen meinen Ängsten von früher und denen von heute?
- Welche Ängste habe ich vor der Zukunft?

- Bleibe ich bei der Vorstellung der zukünftigen Katastrophe stecken oder gehe ich weiter, bildlich durch die Katastrophe durch und mache mir klar, was ich im schlimmsten Fall wirklich tun könnte?
- Wie kann ich als Erwachsener sinnvoll vorsorgen?
- Welche meiner Strategien, mit Angst umzugehen, hat sich bewährt?

Entscheidung für die Selbstfürsorge

Selbstfürsorge bedeutet nicht, dass ich alles alleine schaffen muss. Es bedeutet, dass ich entscheide, womit ich selbst klar komme und bei welchen Ängsten ich mir Hilfe hole.

Angst zu bewältigen bedeutet nicht, keine Angst mehr zu haben, sondern mit Mut und ggf. Unterstützung durch die schwierige Situation durchzugehen.

Vielleicht wird Ihnen an dieser Stelle auch bewusst, dass Sie keine gesunden Grenzen setzen können, vielleicht noch gar keine eigenen Grenzen entwickelt habe. Dieser Prozess kann nachgeholt werden.

Mit der Entscheidung, für sich selbst gut zu sorgen, haben Sie einen guten Anfang gemacht. Jetzt kommt die Phase des Einübens.

Erproben

Üblicherweise vermeiden wir unangenehme Situationen, wir gehen ihnen aus dem Weg. Dadurch verschwinden sie aber nicht. Im Gegenteil, je öfter und je weiter wir davon weglaufen, desto größer erscheint die Bedrohung. Die Angst, dass sie uns wieder begegnen könnte, wird mit der Zeit größer als die Angst vor der tatsächlichen Schwierigkeit bzw. Bedrohung. Das ist die Geburt der Angst vor der Angst. Vielleicht können wir jetzt auch verstehen, weshalb unser „inneres Kind" oft in panikartige Angstzustände verfällt. Jahrelang musste es vor der Angst davon laufen und mittlerweile hat die Angst solch ein drohendes Gesicht bekommen und fühlt sich absolut existenziell an.

Es ist wie bei der Geschichte aus dem Kinderbuch „Jim Knopf" von Michael Ende, in dem ein Scheinriese größte Ängste verursacht, sich jedoch beim langsamen „Auf ihn zu gehen" als ein kleiner einsamer Mann entpuppt.

Üben wir es Schritt für Schritt, auf unsere Angst zuzugehen. Vielleicht können Ihnen folgende Vorschläge dabei helfen:

FRAGEN:

- Was kann mir im schlimmsten Fall passieren?
- Wie werde ich mir in diesem schlimmsten Fall helfen?
- Werde ich den schlimmsten Fall überleben?
- Wie fühle ich mich, nachdem ich die Situation (alleine) bewältigt habe?
- Müsste und könnte ich ggf. jemanden zur Unterstützung mit heranziehen?
- Wie könnte ich für den schlimmsten Fall Vorsorge treffen?
- Welches „Werkzeug" könnte mir helfen?
- Wer könnte mir dabei helfen?

Einen Impuls zu einer gesunden Vorsorge soll an dieser Stelle noch genannt werden. Nämlich die Frage: Worauf haben Sie Ihre Sicherheit gegründet? Wer oder was gibt Ihnen Stabilität? Es lohnt sich durchaus, dieser Frage einmal nachzugehen.

Diese Übersicht kann dazu eine Hilfestellung sein. Vielleicht fallen Ihnen noch andere Stabilitätsfaktoren ein. Vielleicht möchten Sie einige Faktoren in Ihrem Leben erneuern, ergänzen oder verabschieden.

regelmäßiges Üben als Prophylaxe

Vielleicht denken Sie schon eine Weile beim Lesen, dass das alles doch viel zu kompliziert ist. Dieses Nachdenken und Herausfinden, wer wo wie durch was bedroht ist, und wer wo wie was braucht. Keine Sorge, das ist nur am Anfang etwas mühsam. Wenn Sie jedoch das Prinzip verstanden haben, werden Sie merken, wie nützlich es ist, um Ihnen bei der Beantwortung Ihrer Ängste zu helfen.

Es ist wie beim Erlernen einer neuen Sprache. Je mehr Vokabeln und Grammatik wir einüben und je öfter wir uns trauen zu sprechen, desto schneller und fließender werden wir die Sprache sprechen und verstehen.

Was bedeutet das nun konkret? Es folgen einige Möglichkeiten, die Ihnen helfen können, Ihre Angst etwas besser kennen zu lernen:

Trauen Sie sich, konkret in Situationen hineinzugehen, die Sie früher gemieden haben, z. B. das Sprechen in der Öffentlichkeit. Weshalb nicht doch einmal eine Rede vor Menschen halten? Es muss ja nicht gleich vor dem Vorstand Ihrer Arbeitsstelle sein. Es könnte ja auch erst einmal eine kleine Rede bei einem Familienfest sein oder ... Ihnen fällt bestimmt etwas ein.

Trauen Sie sich, einen Konflikt in schriftlicher Form zu schildern. Sie könnten das Geschriebene Menschen ihres Vertrauens lesen lassen und ggf. später dann direkt in einem Gespräch mit dem Konfliktpartner einbringen, oder es diesem auf schriftlichem Weg zukommen lassen.

Trauen Sie sich, in kleinen Schritten durch die Angst zu gehen. Sie wissen ja, Angst konstruktiv zu bewältigen, bedeutet nicht, keine Angst mehr zu haben, sondern mit Mut durch eine schwierige Situation hindurchzugehen. Das gibt Ihnen Stärke und Profil.

Trauen Sie sich, Vermeidungsstrategien abzulegen. Vermeidung bietet einen Schutzpanzer aus „Coolness" und „Machtgehabe". Die Angst ist aber nur dahinter versteckt, nicht bewältigt.

Trauen Sie sich, Stärke zu zeigen. Echte Stärke ermöglicht es Ihnen, zu ihrer Angst – auch vor anderen –, zu stehen. Die Stärke nimmt Angst ernst und beantwortet sie, indem Schritt für Schritt unangenehme Situationen durchschritten werden; u. U. mit Unterstützung von außen.

Trauen Sie sich, Angst zu haben. Es ist keine Schande, ängstlich zu sein, sondern es zeugt von Scham, dieses Gefühl zu verstecken.

Michael hatte heute einen ganz komischen Tag. Auf dem Nachhauseweg steht er mal wieder etwas im Stau und versucht dabei, den Arbeitstag sinnvoll einzuordnen. Dass er sich in letzter Zeit immer öfter durch seine Aufgaben überfordert fühlt, ist ja schon nichts Neues mehr. Und auch an das unmögliche Auftreten seines Chefs hat er sich schon fast gewöhnt. Aber heute, da hätte er fast davon rennen können. Sein Chef hat ihn so was von schräg angemacht, dass er sich wie ein kleines Kind gefühlt hat, und wirklich am liebsten alles stehen und liegen gelassen hätte. Als er sich die Szene im Büro nachmals vor Augen führt, fährt er gerade im Schritttempo am Abenteuerspielplatz vorbei. Ach ja, so ein Baumhaus hatte er früher auch mit dem Nachbarsjungen gemeinsam. Da konnte man sich so gut verstecken. Das war eine ganz andere Welt, die Erwachsenen waren weit weg, und man vergaß beim Spielen alles um sich herum. So ein Baumhaus hätte er jetzt auch gern: alles hinter sich lassen, die Arbeit, die Familie und wer sonst noch was von ihm wollte. Aber das war ja nicht drin, das wäre ja albern, das könnte ja wohl keiner verstehen.

Folgende Übungen können Ihnen helfen, mit Ihrem verängstigten inneren Kind Kontakt aufzunehmen bzw. selbst an einen inneren sicheren Ort zu gehen, wenn es in einer schwierigen Situation für Sie zu schlimm wird. Je öfter Sie die Übung zum inneren sicheren Ort machen, desto schneller ist er in der kritischen Situation griffbereit.

ÜBUNG ZUM INNEREN SICHEREN ORT:

Ich möchte Sie einladen, die Übung des inneren sicheren Ortes kennen zu lernen ... Dieser Ort kann auf der Erde sein, er muss es aber durchaus nicht. Er kann auch außerhalb der Erde sein ... Lassen Sie Gedanken oder Vorstellungen oder Bilder aufsteigen von einem Ort, an dem Sie sich ganz wohl und geborgen fühlen.

Geben Sie diesem Ort eine Begrenzung Ihrer Wahl, die so beschaffen ist, dass nur Sie bestimmen können, welche Lebewesen an diesem Ort, Ihrem Ort, sein sollen, sein dürfen. Sie können natürlich Lebewesen, die Sie gerne an diesem Ort haben wollen, einladen. Wenn möglich, rate ich Ihnen, keine Menschen einzuladen, aber vielleicht liebevolle Begleiter oder Helfer-Wesen, die Ihnen Unterstützung und Liebe geben. Prüfen Sie, ob Sie sich dort mit allen Ihren Sinnen wohl fühlen.

Prüfen Sie zuerst, ob das, was Ihre Augen wahrnehmen, angenehm ist für die Augen. Wenn es noch etwas geben sollte, was Ihnen nicht gefällt, dann verändern Sie es ... Nun überprüfen Sie bitte, ob das, was Sie hören, für Ihre Ohren angenehm ist ... Wenn nicht, verändern Sie es bitte so, dass alles, was Ihre Ohren wahrnehmen, angenehm ist ... Ist die Temperatur angenehm? ... Wenn nicht, so können Sie sie jetzt verändern ... Kann Ihr Körper sich so bewegen, dass Sie sich damit ganz wohl fühlen und können Sie jede Haltung einnehmen, in der Sie sich wohl fühlen? ...

Wenn noch etwas fehlt, verändern Sie alles so, bis es ganz stimmig für Sie ist ... Sind die Gerüche, die Sie wahrnehmen, angenehm? ... Auch diese können Sie verändern, sodass Sie sich ganz wohl damit fühlen ...

Wenn Sie nun spüren können, dass Sie sich ganz und gar wohl fühlen an Ihrem inneren Ort, dann können Sie mit sich eine Körpergeste vereinbaren. Und diese kleine Geste können Sie in Zukunft ausführen und Sie wird Ihnen helfen, dass Sie diesen Ort ganz rasch wieder in der Vorstellung haben. Und wenn Sie das möchten, können Sie diese Geste jetzt ausführen ...

(Eine Geste könnte sein: eine Hand auf Ihr Herz oder Ihre Körpermitte legen, mit den Händen eine Schale bilden ...)

Um die Übung zu beenden, können Sie wieder Ihre Körpergrenzen wahrnehmen und den Kontakt des Körpers mit dem Boden achtsam registrieren. Danach kommen Sie dann mit der Aufmerksamkeit zurück in den Raum.

Sie können sich einen Gegenstand wählen, der Sie an den sicheren Ort und die Möglichkeit, ihn aufzusuchen, erinnert.

aus: Luise Reddemann: Imaginationen als heilsame Kraft[4]

ÜBUNG: Visualisierung zur Kontaktaufnahme mit dem inneren Kind

Machen Sie es sich dort bequem, wo Sie gerade sitzen oder liegen. Schließen Sie Ihre Augen. Atmen Sie tief ein. Lassen Sie beim Ausatmen Ihre ganze Anspannung los.

Achten Sie darauf, in welchem Körperteil die Verspannung am stärksten ist: Beine, Brust, Schultern, Stirn? Atmen Sie in diese Körperteile hinein, und lassen Sie, so gut es jetzt geht, einfach los.

Lassen Sie Ihre Schultern fallen ..., entspannen Sie Ihren Kiefer ..., Ihr Körper wird völlig vom Stuhl oder Boden getragen..., gestatten Sie Ihrem Körper, sich ganz zu entspannen.

Kehren Sie in Gedanken zurück in die Vergangenheit, zu einem schmerzlichen Kindheitserlebnis, zu einer Zeit, als Sie sich verletzt oder ängstlich gefühlt haben und mit diesen Gefühlen allein waren ... Vielleicht erinnern Sie sich an ein bestimmtes Ereignis, wie Sie z. B. von einem Elternteil bestraft, von einem Freund zurückgewiesen oder auf irgendeine Art und Weise gedemütigt wurden oder einfach an das allgemeine Gefühl der Traurigkeit und Einsamkeit ...

Sehen Sie sich jetzt selbst als Kind allein im Zimmer bzw. an dem Ort, den Sie immer dann aufgesucht haben, wenn Sie verletzt oder gekränkt waren. Sehen Sie sich einsam und voller Schmerz ...

Sehen Sie nun, wie Sie als der Erwachsene, der Sie jetzt sind, den Raum betreten ... Stellen Sie sich dem Kind vor ... Sehen Sie sich als Kind, wie Sie sich als Erwachsenen anschauen ... Setzen Sie sich neben Ihr Kind und werden Sie zu dem liebevollsten Erwachsenen, den Sie sich vorstellen können .... Nehmen Sie Ihr Kind in den Arm, sprechen Sie mit ihm, beruhigen Sie es, hören Sie zu, wenn es von seinem Schmerz erzählt.

Setzen Sie Ihr inneres Kind auf den Schoß, halten Sie Ihr Kind ganz fest. Fühlen Sie, wie sich Angst, Trauer und Einsamkeit langsam auflösen, während Ihr Kind sich von Ihrer Liebe eingehüllt fühlt.

Lassen Sie Ihr Kind wissen, dass Sie immer für es da sein werden, jetzt, wo Sie erwachsen sind, dass Sie da sein werden für die Angst und den Schmerz und die Trauer und die Wunden, dass Sie da sein werden, um Ihrem Kind Freude zu schenken.

Machen Sie sich bewusst, dass Sie und Ihr Kind eins sind. Spüren Sie in sich all seine Gefühle, seine Lebendigkeit, seine Leidenschaft, seine Intelligenz, seine Frische, seine Güte, seinen Schmerz, seine Angst, seine Wut und seine Freude.

Atmen Sie nun bewusst einige Atemzüge, und kehren Sie nun in die Gegenwart zurück.

Warum Angst krank machen kann

Wenn wir die Botschaft unserer Ängste konsequent ignorieren, können sie uns auf ganz vielfältige Art und Weise krank machen. Das haben wir bei Kai und Michael Typisch schon gesehen. Da wir inzwischen wissen, dass Angst dazu dient, Sicherheitslücken in unserem Leben zu schließen, wird es verständlich, weshalb wir bei konsequenter Verdrängung der Angstbotschaft krank werden können. Das Sicherheitsleck bleibt bestehen und wir leben in permanenter Anspannung, dass etwas Schlimmes geschehen könnte. Diese permanente Anspannung, dieser Angst-Stress kann zu allen möglichen psychischen und psychosomatischen Beschwerden führen. Die folgenden Denk- und Verhaltensweisen können diesen Stresszustand in unserem Alltag beständig aufrechterhalten. Angst kann krank machen.

- Wenn die Angst als Feind und nicht als Information der Seele verstanden wird.

  Das bedeutet, dass wir gegen das ankämpfen, was uns doch auf die Lösung hinweisen möchte. Nicht die Botschaft der Angst an sich ist gefährlich, sondern die Gefahr oder der „Feind" – sofern er heute noch unser Feind ist. Daher ist eine Angstanalyse so wichtig.

- Wenn die Angst verdrängt und nicht durchgegangen wird.

  Durch die Verdrängung halten wir bildlich gesprochen unserer Seele den Mund zu und zementieren die Bedrohung oft jahrelang. Irgendwann redet die Seele nicht mehr und wir wundern uns, weshalb wir ständig unter einer inneren Anspannung leben. Wir sind unfrei und blockiert und können nicht einfach unbeschwert auf Menschen zugehen.

- Wenn die Angst die Regie über unser Denken übernimmt.

  Um Gefühle unterdrücken zu können, braucht es Energie. Je mehr Angst wir unterdrücken, desto mehr „Verdrängungsenergie" ist nötig. Wird es nun im Alltag stressig, weil wir vielen Anforderungen standhalten müssen und die Alltagsbewältigung viel Kraft verbraucht, kann es sein, dass die Energie nicht mehr dazu ausreicht, die Angst weiter zu verdrängen. Es ist dann, wie wenn ein Damm bricht. Das Gefühl überflutet uns, und wir können nicht mehr klar denken, fühlen uns wie in einem Strudel, der uns mitreißt und nach unten zieht. Das kennen wir unter der Bezeichnung Panikattacke.

- Wenn die zugrunde liegende Bedrohung in der Vergangenheit oder in der Zukunft und gar nicht in der Gegenwart liegt.

  Eine Suche nach Sicherheit in der Gegenwart bringt in diesem Fall nicht den gewünschten Erfolg, denn es ist das innere Kind, das in uns die Angst entwickelt. Die Ängste von Kindern brauchen aber auch eine kindgemäße Beantwortung. Hier ist eine Angstanalyse und Differenzierung enorm wichtig, um eventuelle Übertragungen aus der Kindheit aufzudecken.

- Wenn die Angst in der Kindheit nicht ernstgenommen wurde.

  Wenn wir in der Kindheit erfahren haben, dass unsere Angst nicht ernst genommen wurde, haben wir gelernt, immer für uns selber sorgen zu müssen. Das kann so weit gehen, dass wir uns auch heute nicht trauen, Hilfe in Anspruch zu nehmen. Das kann dazu führen, dass wir uns ständig überfordern.

- Wenn ich von ängstlichen Vorbildern Angst übernommen habe.

  Fürsorgepersonen, die mit ihren eigenen Ängsten Not haben und von ihnen gesteuert werden, haben oft Mühe, ihre Kinder mit neuen Situationen zu konfrontieren. Sie schließen die Kinder in vermeintliche Schutzräume ein, die für die Kinder eher zu Gefängnissen werden und ihnen das Erlernen des Umgangs mit schwierigen bzw. neuen Situationen versagen können. Je mehr Vermeidungsverhalten der Eltern, desto weniger Erfahrungen von Vertrauen in eigene Bewältigungsmechanismen der Kinder. Es entsteht eine Art erlernte Hilflosigkeit. Die Kinder kommen nicht an Grenzen. Sie wissen oft gar nicht, was sie eigentlich könnten, wenn sie dürften.

- Wenn meine Fürsorgepersonen Verletzer und keine Beschützer waren (z. B. beim Missbrauch).

  Sind die Fürsorgepersonen Verletzer oder Täter, dann wird das gesamte schöpfungsgemäße Versorgungs- und Sicherheitssystem auf den Kopf gestellt. Die Erwartung von Sicherheit und Geborgenheit wird ersetzt durch Verletzung und Zerstörung. Der Wunsch nach Sicherheit und Geborgenheit, nach Nähe und Liebe wird zur Falle. Die Kinder sind total verwirrt, die innere Zerrissenheit ist geboren: Nähe bedeutet Unsicherheit, Nähe wird zur Bedrohung. Da die Sehnsucht nach Nähe und Liebe in uns Menschen hineingelegt ist, entsteht ein ständiger Kampf, solange, bis die Verletzung heil oder die Sehnsucht abgespalten oder weit weg verdrängt ist.

- Wenn die Gefahr falsch eingeschätzt wird.

  Angst ist immer unangenehm, aber nicht jede Gefahr ist immer lebensbedrohlich. Daher ist es notwendig zu schauen, wie groß die Gefahr tatsächlich ist. Würden andere Menschen, die in derselben Situation sind, auch mit solch starker Angst reagieren? Die Verhältnismäßigkeit ist zu überprüfen.

- Wenn wir glauben, in einem Problem, das wir als ausweglos einschätzen, gefangen zu sein.

  Hier macht es Sinn, andere zu Rate zu ziehen, ob sie einen Ausweg sehen können. Denn wer im Gefängnis sitzt, dem fehlt oft die Übersicht. Jemand von außen könnte eine Möglichkeit sehen, die dem Gefangenen innen gar nicht sichtbar sein kann.

- Wenn gefährliche Situationen aus der Vergangenheit oder in der Zukunft immer wieder hervorgeholt werden, ohne sie zu verarbeiten (katastrophieren, s. o.).

  Dann muss die Vergangenheit aufgearbeitet und gezielt Vorsorge getroffen werden. Katastrophieren gebiert ständig neue Ängste und macht keinen Sinn.

- Wenn die Angst aus religiösen Gründen verboten wurde oder wird.

  Es sind oft solche Aussagen, „wenn Du Angst hast, glaubst Du nicht richtig". Angst ist ein Gefühl, also eine Botschaft des Inneren. Sie zu verbieten hieße, die Seele zum Verstummen zu bringen. Das ist auf Dauer schädlich. Hier müssen wir uns für die Fürsorge der Seele einsetzen.

Angst kann krank machen. Wenn Sie chronisch überfordert sind, kann es passieren, dass Sie plötzlich eine Panikattacke erleben (Herzrasen, Herzrhythmusstörungen, Atemnot, oft Verdacht auf Herzinfarkt.) Die Seele hatte keine Chance, mit dem Gefühl Angst zu Ihnen durchzudringen, also lässt sie den Körper reden. Ein Systemkurzschluss wird herbeigeführt, um eine Belastungsgrenze zu signalisieren. Dem Herzen fehlt organisch nichts, es ist die Überforderung von Seele und Verstand, die den Körper krank macht. Hier ist Ruhe gefordert, Entlastung und Entspannung.

Es lohnt sich also, die Angst freundlich zu behandeln, damit wir nicht psychosomatisch erkranken.

Angst kann krank machen, aber es gilt auch umgekehrt: Körperliche Erkrankungen können auch Ängste verursachen (z. B. eine Erkrankung der Schilddrüse). Wenn Sie oft Ängste erleben, ohne reale Gefahr und es keine „alten" Ängste sind, macht es durchaus Sinn, sich einmal körperlich durchchecken zu lassen.

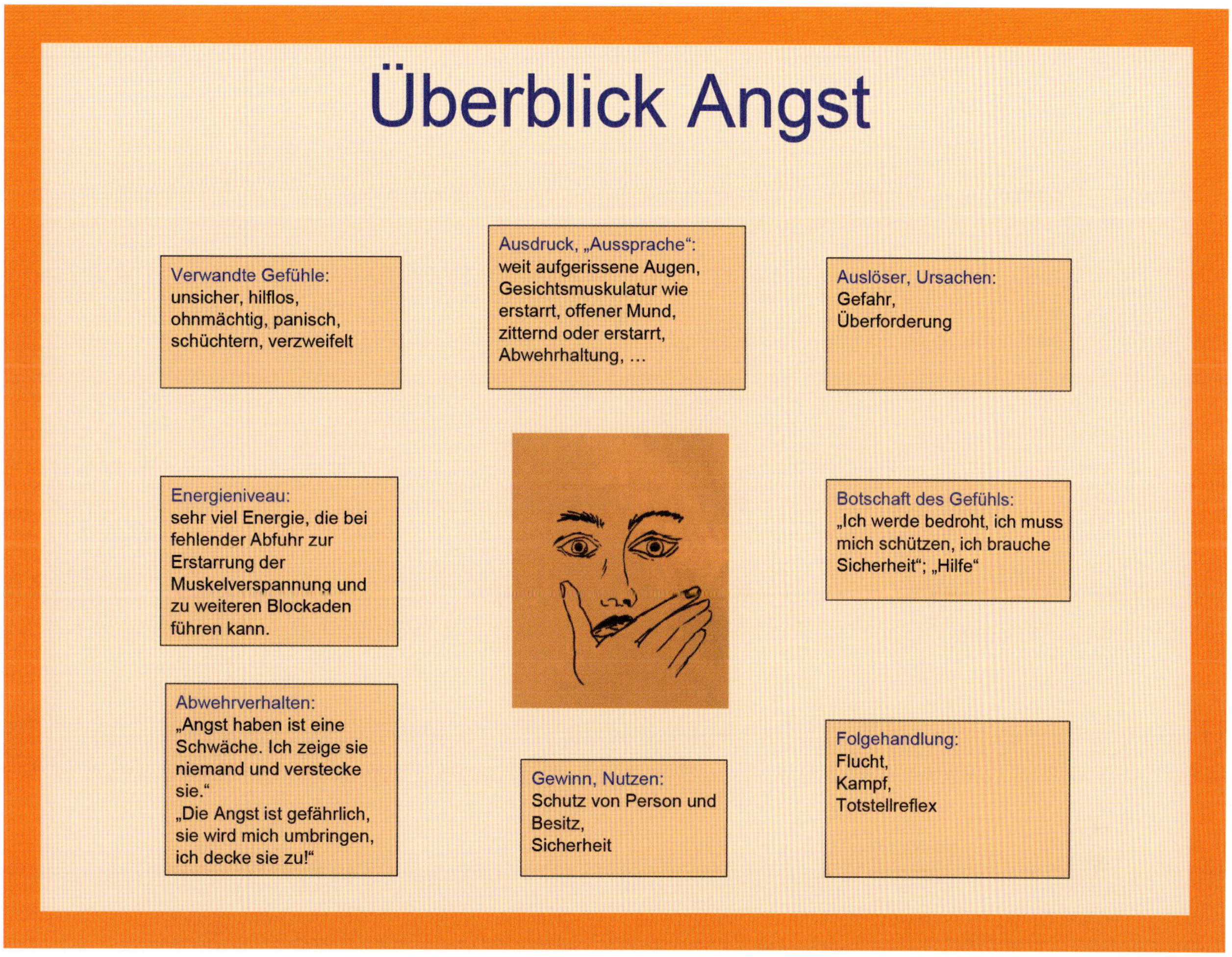

Trauer

Es ist ein fürchterlicher Tag. Anne zieht sich die schwarzen Klamotten aus und wirft sie aufs Bett. Dann zieht sie sich ihren weichen Sportanzug an und verkriecht sich in ihren Sitzsack. Trauerfeier, Beerdigung, „Leichenschmaus“ mit vielen Menschen, die sie gar nicht kannte und die sie auch nicht kennen lernen wollte. Was hatte das alles mit ihrer Oma zu tun? Mit der tollen, lebensfrohen und lebenserfahrenen Frau, die seit letzter Woche nicht mehr lebte?

Anne ist einfach nur fertig und jetzt kommen auch die Tränen, die sie bisher mühsam zurückgehalten hatte. Sie wollte nicht vor all diesen Leuten in der Trauerhalle weinen. Jetzt kommt ein echter Sturzbach, sie schluchzt ganz heftig und rollt sich im Sitzsack zusammen. Sie kann gar nicht mehr aufhören zu weinen. Irgendwie ist ihr schon fast schlecht vor lauter Heulen. Und dann muss sie auch noch ständig an diesen Tag denken, als sie ihr Meerschweinchen im Garten begraben hatten. Da hatte sie auch ganz lange geweint. Aber da war sie doch noch so klein, und das konnte man doch nicht wirklich mit ihrer Oma vergleichen. Es ist einfach ein ganz fürchterlicher Tag.

Was ist Trauer?

Trauer ist ein Gefühl, welches anzeigt, dass wir etwas verloren haben, uns etwas oder jemand genommen wurde, oder dass wir etwas, was wir dringend gebraucht hätten, nicht bekommen haben.

Je tiefer wir mit jemand verbunden waren, desto intensiver ist die Trauer, wenn wir uns von ihm verabschieden müssen.

Je mehr wir etwas gebraucht hätten, desto tiefer ist die Trauer, wenn wir wahrnehmen, was uns gefehlt hat. Dann kommen wir mit der „alten“ Traurigkeit des inneren Kindes in Berührung. Wir sehen, auch bei der Traurigkeit gibt es das „alte“ Gefühl.

Die Trauer ist lebensnotwendig für uns, sie ist keine Krankheit, auch wenn „das Herz schmerzt“. Wenn wir trauern, weinen unser Körper und unsere Seele. Mit Hilfe der Trauer können wir etwas oder jemanden verabschieden und den Verlust verarbeiten.

Bei Trauer denken wir fast immer zuerst daran, dass jemand gestorben ist. Dann ist Trauer für uns normal und öffentlich sichtbar. Wir haben dafür in unserer Gesellschaft Rituale gefunden, die wir gemeinsam begehen, Trauerrituale wie beispielsweise eine Beerdigung oder auch eine schwarze Armbinde tragen, Blumen an einem Platz niederlegen oder Kerzen anzünden oder in ein Kondolenzbuch schreiben.

Trauer ist aber ein Gefühl, das auch bei anderen Verlusterlebnissen auftaucht. Verlusterfahrungen können im körperlichen, emotionalen, geistigen, geistlichen und materiellen Bereich gemacht werden.

Anne erlebt den Tod ihrer Oma als ganz schmerzhaften Verlust. Sie mochte sie sehr und erlebt nun die volle Wucht dieses Gefühls Trauer, mit dem sie noch nicht so viel Erfahrung gemacht hat. Für sie ist allerdings ganz deutlich, dass die gesellschaftlich üblichen Rituale ihr zunächst überhaupt keine Hilfe sind. Sie weiß mit sich selbst in diesem Zustand nicht wirklich etwas anzufangen. Dabei macht sie intuitiv etwas ganz richtig: Sie gibt der Trauer Zeit und Raum. Sie weint und denkt über den Verlust nach.

Trauer ist ein sehr unangenehmes Gefühl. Wir würden es wahrscheinlich alle gern vermeiden. Deshalb erscheint es uns nicht gleich einsichtig, dass Trauer etwas Sinnvolles und Wertvolles ist, aber sie ist die natürliche und angeborene Reaktion auf einen Verlust.

Verlusterfahrungen machen wir unser ganzes Leben lang. Jede Lebensphase ist durch das Loslassen von Altem, oft Vertrautem, gekennzeichnet. Ohne Loslassen kämen wir nicht wirklich weiter auf unserem Lebensweg.

Das ungeborene Kind muss die Wärme, Versorgung und den Schutz des Mutterbauches verlassen, um überhaupt geboren zu werden.

Ein junger Erwachsener muss irgendwann einmal seinem Elternhaus den Rücken kehren, um ein eigenständiges Leben beginnen zu können.

Überlegen Sie sich einmal, wenn Sie alles, was Sie je in Ihrem Leben bekommen haben (materiell, ideell, ...) ständig mit sich herumtragen müssten, wenn Sie sich von nichts trennen könnten, wie groß die Belastung wäre. (Wenn Sie jetzt Lust zum Entrümpeln verspüren, dann legen Sie dieses Buch beiseite und fangen damit an.)

Schlimm werden die Trennungs- oder Verlusterlebnisse für uns, wenn wir uns nicht freiwillig von etwas trennen können, sondern wenn es uns weggenommen wird. Noch schlimmer wird es, wenn wir gar nicht damit rechnen und uns auf den Verlust nicht vorbereiten konnten.

Verlust bedeutet loslassen.

Loslassen bedeutet Verlust.

Ein großer Verlust bringt immer Chaos in unser Denken, Fühlen und Handeln. Vorstellungen von Zukunft sind zerstört, die Alltagsroutine ist zerbrochen, Weltbilder oder Gottesbilder können total ins Wanken geraten, kurz, es ist ein Ausnahmezustand. „Warum ist das passiert? Das darf nicht sein, das kann nicht sein! Wie soll es nun weitergehen?" Da ist Wut da, Angst, Trauer, Hilflosigkeit, manchmal auch Schuldgefühle. Die unterschiedlichen Gefühle wechseln sich ständig ab. Wird das Chaos zu groß, wehrt sich die Seele: Die Gefühle werden eingefroren, um nichts zu spüren. Wir „stehen neben uns".

Solche tiefen Verlusterfahrungen erleben wir oft als Krisen. Krisen unterbrechen die routinemäßigen Abläufe des Alltags, das Gewohnte und Sichere. Oft kommt die ganze Basis, auf der wir unser Leben aufgebaut haben, ins Wanken. Deshalb können wir durch solche Krisen bzw. Zerbrüche auch „zu Grunde gehen". Wir bekommen dadurch die Chance, „zum Grund" zu gehen, zur Basis unseres Lebens. Das ist mehr als ein Wortspiel. Krisen können zu Knoten- und Reifungspunkten unseres Lebens werden. Sie können trotz aller Schmerzhaftigkeit neue Chancen sein.

FRAGEN:

- Welche persönlichen Erfahrungen habe ich mit Verlusterlebnissen?
- Wie wurde in meiner Herkunftsfamilie getrauert?
- Wie lebe ich heute meine Trauer aus?
- Wie will ich in Zukunft mit Verlusterfahrungen umgehen?
- Wie verabschiede ich mich
  - von Menschen?
  - von Gegenständen, z. B. bei einem Umzug?
  - von Arbeitsbereichen oder Berufskollegen bei Stellenwechsel?
- Wie möchte ich Abschiede in Zukunft gern gestalten?

Was geschieht mit uns bei einem Verlust?

Alles Gewohnte kommt bei einem großen Verlust ins Wanken. Das Leben muss nun mit anderen Bedingungen neu erlernt, der Alltag neu erschaffen werden. Und das ohne den verlorenen Menschen bzw. das Verlorene.

Dieser Prozess braucht Zeit. Eine neue Alltagssicherheit kann nicht in zwei Wochen entstehen. Dazu kommt, dass auch der Schmerz „verschmerzt" werden muss. Es braucht eine Art „Verstoffwechselung" des Alten. Was das genau bedeutet, wird in der Darstellung des Trauerprozesses aufgezeigt. Dieser Prozess ist gekennzeichnet durch mehrere Phasen.

Die Trauerphasen

Die Schockphase oder die Phase des Nicht-Wahrhaben-Wollens

Ein Verlust tut weh, ein großer Verlust tut sehr weh!! Je stärker wir mit dem Verlorenen verbunden waren, unser Herz daran gehängt hatte, desto größer der Schmerz. Z. B. bei Ehepaaren, die „ein Herz und eine Seele waren“, kann sich das für den zurückbleibenden Partner so anfühlen, als ob die Hälfte seines Herzens bzw. seiner Seele herausgerissen würde. Solch ein Schmerz kann einen Menschen fast wahnsinnig machen.

Um nicht selbst dabei zu sterben, hat unser Organismus so eine Art „Narkose für die Seele“ entwickelt. Sie kann in eine innere Erstarrung fallen, eine emotionale Lähmung, die sich so anfühlt, als ob man wie neben sich steht und alles wie in Trance erlebt. Manche bezeichnen es auch als ein Tunnelerleben. Man kann so empfinden, als ob um einen herum eine Art Tunnel ist, durch den nichts eindringt. Alles was im Tunnel ist, ist abgeschirmt. Der Tunnel schützt vor emotionaler Überflutung von innen nach außen, und von außen nach innen.

Diese Schockphase wirkt als Schutzmechanismus gegen emotionale Überforderung

In diese Phase kann oft noch sehr gut gearbeitet werden, weil man funktioniert wie eine Art Roboter. Oft ist das auch nötig, um das Durcheinander des erschütterten Alltags einigermaßen in den Griff zu bekommen.

Die Schockphase ist also sehr sinnvoll. Aber wie bei allem: „Die Dosis macht das Gift.“ Verbleibt ein Mensch zu lange in dieser Phase, aus Angst, mit dem Verlust emotional konfrontiert zu werden, wird es ungesund. Die Gefahr dabei ist, eine Depression zu entwickeln oder die Trauer abzuspalten und in einen reinen Funktionsmodus zu schalten.

So nach und nach kann der Schmerz dosiert zugelassen und der Verlust angeschaut werden. Das führt dann zur zweiten Phase. Das Mittel, wie wir aus der Schockphase herauskommen können, ist, dass wir Gefühle, die sich jetzt melden, zulassen, vor allem die Wut.

Die Protestphase oder die Phase der aufbrechenden Gefühle

Kommt der Schmerz, kommen auch die Gefühle von Aufbegehren: „Das kann doch nicht sein, das darf doch nicht sein, nicht mir, nicht mein, ...“ Da kommt die Wut in den Vordergrund (zur Erinnerung: Wut entsteht aufgrund von Kränkungen: mir fehlt etwas). Die Wut auf den, der gegangen ist oder uns etwas genommen hat, Wut auf Gott, der das nicht verhindert hat, Wut auf uns selbst, dass wir nichts dagegen unternehmen konnten, ... Manchmal können wir auch gar nicht benennen, auf was oder auf wen wir eigentlich wütend sind. Es gesellen sich aber auch noch andere Gefühle dazu: Verzweiflung über die Endgültigkeit, es ist nicht mehr zu ändern, Hilflosigkeit, Angst, „was soll nun werden, wie soll es nun weitergehen?“, „das schaffe ich nicht alleine“, Schuldgefühle, „hätte ich doch nur, wäre ich doch nur, ...“, Vorwürfe an den oder das Verlorene, sich selbst, Gott, ..., vielleicht auch, weil wir etwas versäumt haben, ...

Unsere Emotionen brechen auf, alle möglichen Gefühle sind vorhanden. Diese Phase ist emotional sehr anstrengend, sie braucht sehr viel Energie und auch sehr viel Geduld mit uns selbst (auch von unseren Mitmenschen). Denn es ist wichtig, dass alle Gefühle heraus dürfen. Der „Ausdruck“ der Gefühle verhindert das Verdrängen.

Wird diese Phase nicht zugelassen, dann bleiben die Gefühle in uns gefangen und werden zu den o. g. „alten“ Gefühlen. Dabei nehmen das Aufbegehren und die Wut den größten Raum ein. Die Gefahr dabei ist, in der Anklage zu verharren, die Entstehung von chronischer Bitterkeit und Hass ist dann vorprogrammiert.

Wenn Menschen auch in Trauersituationen keine Wut zulassen können oder dürfen, sie verdrängen müssen, und dann Angst, Verzweiflung und Hilflosigkeit die vorherrschenden Gefühle sind, kann das dazu führen, dass sie in einem Angstgefängnis stecken bleiben.

Eine Art Regression (Rückzug auf eine frühere Entwicklungsphase als eine Form von Verdrängung) bei Trauer kann vorkommen. Wie oben angeführt, zerbricht das Gewohnte und man ist zunächst einmal hilflos. Je traumatischer der Verlust erlebt wird, desto hilfloser ist man, und desto mehr ist man auf die Hilfe von außen angewiesen.

Es ist gut, wenn dann Menschen da sind, die einen unterstützen. Es kann eine Art Abhängigkeit zustande kommen, die jedoch mit der Zeit über die „Auseinander-setzung" wieder zur Selbständigkeit führen sollte. Auch dabei kann Wut eine große Rolle spielen.

Dieser Zusammenhang greift beispielsweise auch bei Paaren, bei denen ein Partner schwer krank ist und der andere Partner dann meint, alles übernehmen zu müssen, sich selbst dabei aber vernachlässigt und ggf. erschöpft zusammenbricht. Eine unterschwellige Wut – man darf ja dem Kranken nichts vorwerfen oder ihn beunruhigen – wird leider unterdrückt und nicht konstruktiv angesprochen. Auch der eigentliche Grund der Wut, nämlich der Verlust der unbeschwerten Beziehung, wird nicht angesprochen. Um nicht in diese Falle zu tappen, macht es sehr viel Sinn, das eventuelle Entstehen einer Art „Klammerverhalten“ bei den Betroffenen zu thematisieren. Nicht nur der Kranke kann klammern, auch der pflegende Angehörige.

Die verworrene Gefühlslandschaft dieser Trauerphase wird sich mit der Zeit klären und zur nächsten Phase führen.

Die Lösungsphase oder die Phase des Loslassens

Diese Phase ist gekennzeichnet durch ein innerliches Ringen. Der Alltag muss in neuer Form weitergehen, aber die Konfrontation mit dem Früheren lauert überall. Bei vielem, was man tut, an vielen Orten, die man betritt, bei vielem, was man hört, sieht, schmeckt, riecht – überall wird man an den Verlust erinnert. Manche suchen auch ganz bewusst solche Orte, Situationen und Sinneseindrücke auf, um das Verlorene irgendwie wieder zu erleben. Man sucht gewissermaßen nach Erlebnissen in der Vergangenheit, um den Verlorenen bzw. das Verlorene noch ein wenig bei sich behalten zu können. Innere Dialoge mit dem Verlorenen oder über den Verlust werden geführt.

Es kann zu einer Art nochmaligen Erlebens der Beziehung kommen. Das ist sehr sinnvoll. Im besten Fall führt es dazu, dass das Gute und Schöne, was man gemeinsam erlebt hat, als emotionales Vermächtnis verinnerlicht wird. Das, was „kränkend“ war, kann durch eine Art Versöhnungsprozess losgelassen werden. Hier findet eine Art „Stoffwechselprozess“ statt, bei der das Erlebte so verinnerlicht wird, dass es dem Zurückbleibenden nicht mehr genommen werden kann. Die Beziehung zum Verlorenen wird von einer äußeren zu einer inneren verwandelt, die bleibt. Sie wird zu einem Schatz, mit dem weitergelebt werden kann. Je mehr an Gutem verinnerlicht wird, desto mehr kann sich der Blick vom Verlust zu einer neuen tieferen Sichtweise für das Leben erweitern.

In dieser Phase sind viele Betroffene hin- und hergerissen, wie bei einem Gummiband, das einen vor- und zurückzieht. Einerseits ist da die Suche nach dem Verlorenen, das Nicht-hergeben-wollen, andererseits die allmähliche Freigabe des Verlorenen, das endgültige Loslassen. Hier wird die Traurigkeit sehr tief und meist ohne Wut und Angst erlebt. Das Wissen, „ich muss loslassen, um weiterzuleben" und tiefer Loslösungsschmerz begleiten das Dasein. Es ist die Zeit, in der man sich eher zurückzieht, die Zeit, in der die Trauer eher still und alleine geschieht. Es ist ein tiefes Geheimnis der Verwandlung, das sich im Durchgehen dieses Schmerzes vollzieht, wie bei einer Geburt: Durch den Schmerz hindurch kommt neues Leben zum Vorschein. Wir müssen den Verlorenen, bzw. das Verlorene wie abnabeln, damit wir wieder frei leben können.

Die Gefahr bei der Verweigerung dieser Phase besteht in einem Verharren im Alten. Wenn wir uns weigern, das Verlorene bzw. den Verlorenen freizugeben, ist das so, als ob wir uns an den „Tod" binden. Wir sind dann damit beschäftigt, das „Alte" am Leben zu erhalten, als ob wir das Tote ständig wiederbeleben wollten. Das ist einfach nicht zu schaffen. Dazu ein sehr drastisches Bild, das verdeutlicht, wie stark solch eine ungesunde Trauer wirken kann: Wenn wir mit einer „Leiche" zusammenleben, werden wir unweigerlich vom Leichengift infiziert und irgendwann auch sterben. Wie kann sich dieses Verharren im „Alten" konkret zeigen? Es gibt auch hier wieder ganz unterschiedliche Möglichkeiten, das Verlorene durch einseitiges Wiederdurcherleben von Erinnerungen am Leben zu erhalten:

- Die Idealisierung des Schönen (oft beim Tod eines geliebten Partners): Positives wird immer wieder innerlich herbeigeholt und emotional durchlebt. Das führt zu einer Verklärung und nichts aus der Gegenwart hat die Chance, das zu toppen. Das oder der Verlorene wird zu einer Art Gott, der verehrt wird und dem das derzeitige Leben wie auf einem Altar geopfert wird. Mit der Zeit führt das zu einem immer stärkeren Rückzug, hin zum „Alten". Die Realität rückt weiter und weiter weg, es kommt zu Realitätsverlust, Isolation und Einsamkeit.

- Die Verdammung des „Kränkenden" (oft bei einer Trennung vom Partner): Die erlebten Kränkungen werden immer wiederholt (vgl. dazu die Dornen in der Wunde; Kapitel Wut). Es tut immer mehr weh, und die Wut wächst und wächst. Findet hier kein Versöhnungsprozess statt (siehe Kapitel Wut), kann sich die Wut zu einer handfesten Verbitterung auswachsen, die alle Beziehungen infizieren und zu einer Art Lebensvergiftung führen kann. Verbitterte Menschen haben es sehr schwer, überhaupt noch etwas Gutes empfangen zu können. Da müsste erst einmal die ganze Wut (Eiter) aus der Wunde herausfließen dürfen.

Wir erkennen hier, wie wichtig es ist, die Beziehung zum Verlust noch einmal durchzugehen, um das Gute zu und das Schlechte angemessen einzuordnen. Mit der Zeit entwickelt sich ein Bild des Verlorenen, das eine gute Gestaltung der Gegenwart zulässt.

Diese Phase braucht sehr viel Zeit und findet meistens erst dann statt, wenn unsere Mitmenschen denken, jetzt müsste die Trauer doch schon längst vorbei sein. Eine Erlaubnis, sich die nötige Trauerzeit, ggf. auch Trauerjahre(!), zugestehen zu dürfen, kann hier weiterhelfen.

Allmählich geht die Phase des Loslösens in die Phase der Neuorientierung über.

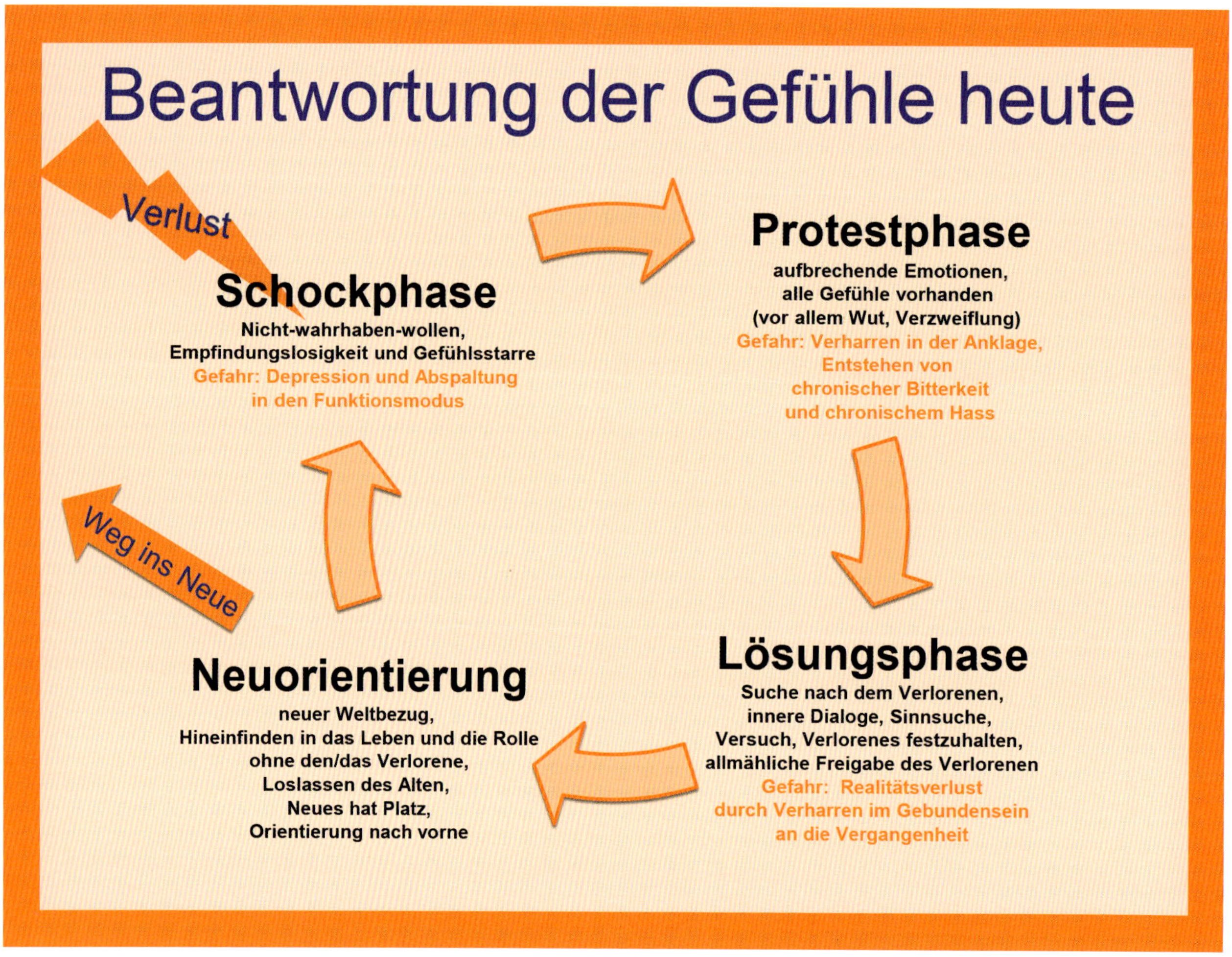

Die Neuorientierung

Allmählich finden wir zu einem neuen Weltbezug. Je mehr wir vom „Alten" verstoffwechselt haben, desto mehr Raum gibt es, sich mit der Erkenntnis aus dem Stoffwechselprozess auf Neues einzulassen und es auszuprobieren. Wir finden wieder hinein in das Leben und in eine Rolle ohne den oder das Verlorene.

Dabei wird das Verlorene nicht vergessen, es ist wie ein Teil von uns geworden und befruchtet uns. Wahrscheinlich werden Narben bleiben, die manchmal schmerzen, aber sie werden nicht mehr als „lebens"-gefährlich empfunden, sondern nur noch als unangenehm.

Diese vier Trauerphasen müssen nicht exakt in dieser Reihenfolge durchlaufen werden. Manchmal wird eine Phase übersprungen. Bei manchen fehlt z. B. die Schockphase, sie finden sich beim Verlust sofort in der Protestphase.

Manchmal ist es so, dass man wieder zurück zu einer vorherigen Phase geht, obwohl man sie schon für überwunden gehalten hatte: Das kann beispielsweise beim Aufarbeiten „alter" Verluste des inneren Kindes geschehen, dass man in eine Schockphase kommt, weil man erst jetzt realisiert, was in der Vergangenheit wirklich geschehen ist.

Die Intensität und die Dauer eines Trauerprozesses sind individuell ganz verschieden. Daher kann man niemandem vorschreiben, was falsche und richtige Trauer ist, oder wie lange jede Phase dauern darf. Trauer ist so unterschiedlich, wie die Menschen, die trauern.

Genauso individuell wie der Trauerprozess ist auch das Ziel bzw. das Ergebnis der Trauerzeit. Die Zeit nach der Trauer kann sich sehr unterschiedlich anfühlen. Vielleicht ist der Verlust wirklich so einschneidend, dass der Betroffene sich mit dem Thema Verzicht und mit starken Einschränkungen dauerhaft beschäftigen muss. Dann müssen auch noch Erwartungen und Wünsche der neuen Situation angepasst werden. Das ist vielleicht eine bleibende Herausforderung. Also: Es wird nicht automatisch alles gut, wenn ich mich auf einen Trauerprozess einlasse. Aber wenn ich die Trauer vermeide, verliere ich auf jeden Fall zu dem aktuell Verlorenen auch noch zusätzlich erheblich an zukünftiger Lebensqualität.

Hilfreiche Trauerrituale

Anne steht vor dem Grab und lässt ihre Gedanken treiben. Der Grabstein war erst vor wenigen Tagen gesetzt worden. Anne ist jetzt öfter hier. Nicht regelmäßig und nicht lange, einfach spontan, wenn ihr danach war. Bei der Beerdigung hätte sie nie gedacht, dass sie nochmals freiwillig auf den Friedhof kommt. Aber irgendwie hatte es hier wirklich etwas „friedliches". Sie ist gern hier, um an ihre Oma zu denken. Irgendwie ist es so ein wenig wie ein Besuch bei ihr. Und wenn ihr hier ab und zu nochmals die Tränen kommen, ist das in Ordnung. An dieses Weinen hat sich Anne auch schon langsam gewöhnt. Und irgendwie ist es die Oma ja auch wert, dass man sie vermisst. Ob Oma das alles mitbekommt? Manchmal ertappt sich Anne dabei, wie sie am Grab mit der Oma spricht. Etwas schräg, aber es hörte ja keiner zu und irgendwie hat sie ein Bedürfnis danach.

Anne entwickelt ein gesundes Trauerverhalten. Sie nutzt die Trauerrituale, die unsere Gesellschaft ihr bietet und findet sich dort hinein. Ansonsten tut sie einfach das, was ihr entspricht und folgt ihrer Intuition. Sie trauert auf gute und angemessene Weise um ihre Oma.

Kirsten ist immer noch im Bett. Sie mag nicht aufstehen. Sie hat keinen Appetit auf Frühstück und heute am Samstag braucht sie ja auch niemand von der Familie. Sie dreht sich hin und her. Sie hat einen unangenehmen Geschmack im Mund und fühlt sich irgendwie so ..., ja, wie eigentlich? So leer, so nach nichts wirklich. Letzte Nacht hatte sie wieder ganz schlecht geschlafen. Sie war oft wach gewesen und hatte sich hin und her gewälzt. Immer wieder fängt sie an zu weinen und ein Gedanke kreist ganz unaufhörlich in ihrem Kopf: „Meine Mama ist tot!" Sie kommt sich vor wie ein kleines Mädchen. So geht das doch nicht weiter: Die Beerdigung war doch schon so lange her. Langsam muss es doch mal besser werden.

Trauer erscheint so individuell wie die Menschen, die sie empfinden. So gut und schnell Anne mit dem Tod ihrer Oma zurechtkam, so sehr zieht es Kirsten immer noch den Boden unter den Füßen weg, weil ihre Mutter gestorben ist. Wie lange eine Trauerphase ist und wie sie sich in den einzelnen Bestandteilen zeigt, können wir nicht beeinflussen. Wir können auch das Maß unserer Betroffenheit nicht verändern. Wir können uns und andere Trauernde aber ermutigen, diesem Prozess den angemessenen Raum und die benötigte Zeit zu geben. Je tiefer ein Mensch mit dem verstorbenen Menschen verbunden war, desto intensiver und länger trauert er.

Trauerrituale sind Handlungen, die uns dabei helfen sollen, den Schmerz und alle Gefühle, die ihn begleiten, zum Ausdruck zu bringen. Wir erinnern uns: Verdrängte Gefühle werden zu „Tretminen". Der Trauer Ausdruck zu verleihen ist das „Wundermittel". Der Ausdruck wirkt wie ein Ventil, das inneren Druck nach außen ablassen kann. Alles was uns dabei hilft, Inneres nach außen zu bringen, ist hier gefragt, wie z. B.:

- reden, reden, reden über alles, was kommt: mit Freunden, in einer Trauergruppe mit anderen Betroffenen

- schreiben (ist auch eine Form von Reden, wenn niemand da ist, der zuhört): ein Trauertagebuch, ein Klagepsalm, eine Geschichte
- Musik machen (Ausdruck) oder Musik hören (kann dazu verhelfen, dass Gefühle kommen können)
- malen
- tonen (Ton weichklopfen tut gut, wenn viel Wut da ist)
- Bewegung und Tanzen
- bestimmte Trauerkleidung tragen
- alte Fotoalben herausholen und sie betrachten
- Tränen zulassen (auch als Mann), sich selbst das Weinen gestatten
- Gedenktage gestalten
- an bestimmte Orte gehen: auf den Friedhof oder an Orte, die uns mit dem Verstorbenen oder dem Verlust verbinden
- Trost und Hilfe von außen in Anspruch nehmen

Beim Ausdruck der Trauer werden Sie merken, dass in manchen Ausdrucksformen mehr Wut zum Ausdruck gebracht wird, in anderen mehr die Traurigkeit, wieder anderen die Liebe. Es macht Sinn, sich für o. g. Strategien gezielt Zeit zu reservieren. Vielleicht ist es dran, sich selbst ein ganzes Trauerjahr einzuräumen: Ein zerrissenes Herz ist nicht weniger schlimm als ein Bandscheibenvorfall, für den man sich ganz selbstverständlich Zeit zugesteht.

FRAGEN:

- Wie gehen Sie mit Ihren Gefühlen bei einem Verlust um?
- Welche Handlungen helfen Ihnen, Schmerz auszudrücken?
- Was halten Sie vom Weinen?
- Gibt es Musik, Bilder, Körpererfahrungen (echte oder menschliche Wärmflaschen), die Ihnen beim Ausdruck Ihrer Traurigkeit helfen können?
- Kennen Sie eine Trauergruppe in Ihrer Umgebung?
- Wie können Sie sich selbst trösten?
- Wer oder was kann Sie trösten?

Am Beispiel eines Todesfalles kommen uns diese Strategien vielleicht noch ganz sinnvoll und angemessen vor. Diese Trauerrituale können aber auch Sinn machen, wenn es nicht um den Verlust einer Person geht, sondern um die Verabschiedung von etwas anderem, das uns sehr wichtig war. Eine heftige Trauer kann uns nämlich auch bei ganz anderen Erlebnissen überkommen:

- beim Verlust der Arbeitsstelle oder dem Übergang ins Rentenalter
- bei einer körperlichen oder seelischen Erkrankung
- beim Verlust der Wohnung oder nach einem Umzug
- beim Auszug eines Kindes
- beim Verlust der Fruchtbarkeit, z. B. auch in den Wechseljahren
- beim Ende einer Beziehung
- wenn wir uns von Wünschen, Träumen und Zielen verabschieden müssen
- usw.

Diese Verlusterfahrungen erleben wir vielleicht nicht weniger schmerzhaft als den Verlust eines geliebten Menschen, d. h. auch hier ist es angezeigt, sich genügend Zeit und Raum für die Trauer zu nehmen. Es ist notwendig, einen Ausdruck für den Schmerz und die begleitenden Gefühle zu finden. Wichtig: Nehmen Sie sich hier genauso ernst und gehen Sie mit sich behutsam und fürsorglich um. Der Schmerz tut weh und muss genauso „verschmerzt und verstoffwechselt“ werden, wie beim Tod eines Menschen.

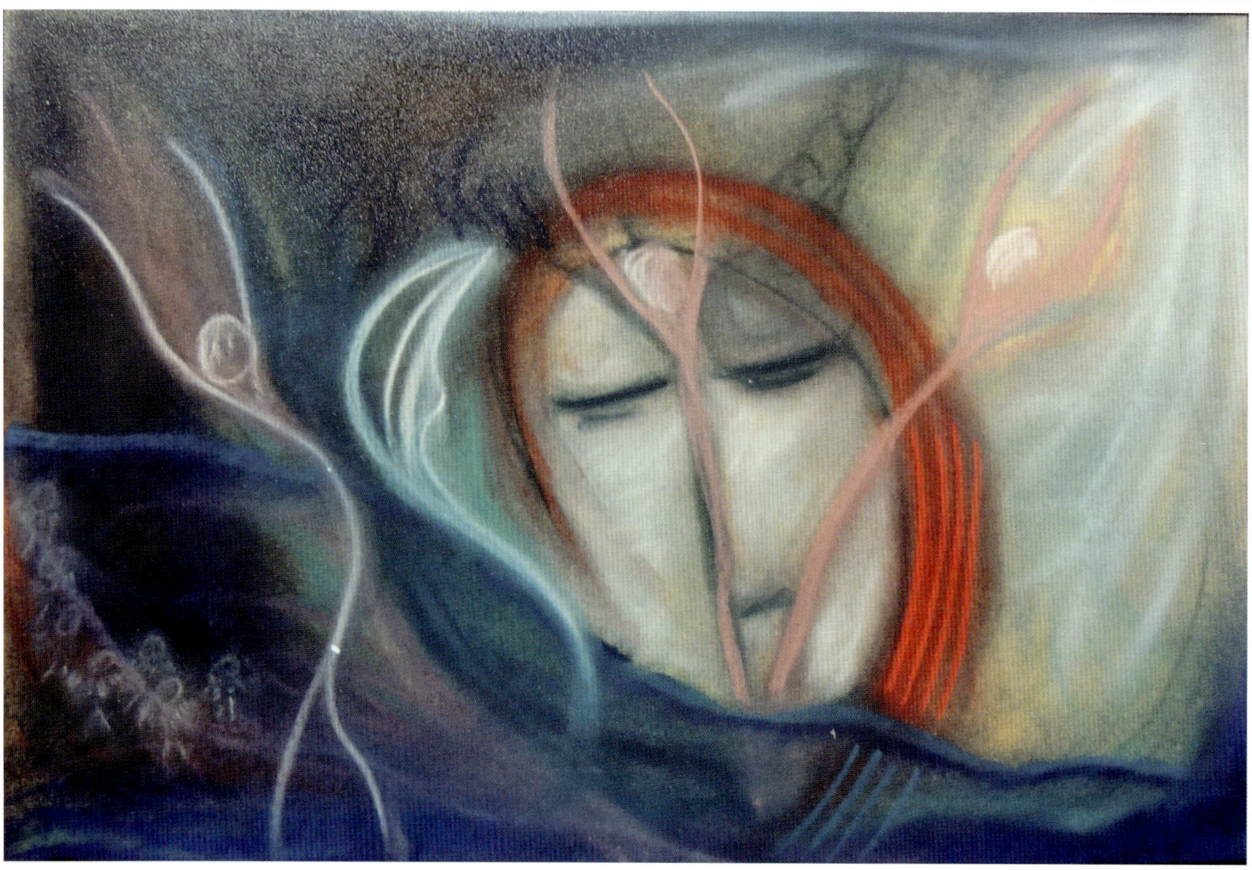

Trost – was ist das?

Michael fühlt sich mal wieder sichtlich irritiert und eigentlich auch überfordert. Die Beerdigung von Kirstens Mutter ist jetzt schon einige Monate her. Es war wirklich sehr traurig, aber es war doch auch irgendwie alles gut gelaufen. Kirstens Mutter starb zwar überraschend, aber musste doch nicht lange leiden. Es war doch letztendlich so, wie sie es sich wohl gewünscht hätte. Aber Kirsten sieht immer wieder noch so elend aus, wie am Tag der Beerdigung. Sie ist blass und schlapp, lustlos, und irgendwie oft gar nicht richtig da. Michael würde sie so gern trösten, aber er hatte mittlerweile schon erkannt, dass die Gedanken, die ihn trösteten, bei Kirsten irgendwie nicht „wirken". Sogar Anne hat sich viel schneller und konstruktiver wieder im Griff. Das hätte er seiner Tochter gar nicht so zugetraut. Aber Kirsten ...? Worte scheinen einfach nicht zu helfen. Erstaunt bemerkt er, dass es ihr immer wieder gut tut, wenn er sie einfach in den Arm nimmt und sonst gar nichts sagt oder macht. Das findet er jetzt zwar etwas wenig, aber wenn es hilft? Wahrscheinlich braucht sie einfach noch mehr Zeit.

Trost ist Zuwendung, ist etwas, was uns gut tut, ist Nahrung für die Seele. Trost bedeutet, gesehen zu werden. Trost heißt, hilflos sein zu dürfen. Trost ist Mit-Fühlen und Mit-Leiden. Trost ist Miteinander-Teilen!

Echten Trost können wir uns nicht selbst geben!

Ausnahme: Unser inneres Kind können nur wir selbst trösten.

Verluste hinterlassen in unserem Leben einen Mangel, eine Lücke, vielleicht eine Leere. Dies können wir körperlich, seelisch und geistig spüren durch

- eine große Müdigkeit, oft auch Lebensmüdigkeit: fehlender Lebenswille
- ein großes Bedürfnis nach Wärme: fehlende Geborgenheit
- ein Bedürfnis nach Rückzug in die eigene Höhle: fehlende Sicherheit
- ein Bedürfnis nach Gehaltenwerden: fehlende Nähe, Liebe
- gehäufte depressive Stimmung: fehlende Lebensfreude

Das ist eher die weibliche Variante von Symptomen der Trauer: Frauen wird eher „Schwäche und Hilflosigkeit" zugestanden.

Folgendes Erleben kann auch zur Trauer gehören:

- ein ständiger Beschäftigungsdrang: fehlende Kontrolle über das Chaos
- eine innere Unruhe: fehlende Geborgenheit

• die Angst vor Stille:	fehlende Selbstsicherheit, Selbstkontrolle (Angst vor den Gefühlen, die kommen könnten)
• ein Leben im Funktionsmodus:	fehlende Gefühle
• die Abwesenheit von Gefühlen:	fehlende Lebendigkeit
• das Empfinden von Sinnlosigkeit:	fehlender Sinn
• ...	

Das ist eher die „männliche" Variante von Symptomen der Trauer: Männern wird „Schwäche und Hilflosigkeit" eher versagt. Sie sollen stark sein und „ihren Mann stehen".

Hier sei nochmals deutlich erwähnt: Trauer mit allen Begleiterscheinungen ist „Lebens-Not-wendig"!

Wenn Sie sich also bei den erwähnten Symptomen wiederfinden, nehmen Sie sich die Zeit, einmal nachzuprüfen, ob Sie in letzter Zeit einen Verlust oder ein Defizit erlebt haben. Fragen Sie sich, was Sie genau verloren haben oder in welchen Bereichen Sie einen Mangel erleben, und gestatten sie sich, die notwendige Zeit zu trauern.

Wer trauert, braucht Trost!

Nun ist das, was den einen tröstet, nicht der Trost eines anderen. Jeder braucht seinen individuellen Trost, so wie jeder auch individuell trauert.

Woran mangelt es im Moment am meisten?

Um den richtigen Trost zu finden, macht es Sinn zu schauen, welchen Mangel ich momentan spüre, welche Bedürfnisse gerade nicht genährt werden. Auch hier sind die verschiedenen Ebenen mit einzubeziehen:

- körperlich: fehlende Berührung, Nähe, Essen, Schlaf, Sprache, ...
- emotional: fehlende Liebe, Verständnis, Austausch, das miteinander Teilen der Empfindungen, ... Ich fühle mich einsam
- geistig: fehlende Ansprache, fehlender Sinn. Ich fühle mich blockiert, innerlich gelähmt, gefangen in Sorgen, ...
- spirituell: empfinden von Gottesferne, Dunkelheit, ... Ich fühle mich bestraft, verlassen, ...

In Krisenzeiten brauchen wir den anderen, der uns hilft! Wir brauchen jemand von außen, der uns davon abhält, innerlich zu „versumpfen". Jemand, der uns hilft, dass wir nicht im Ausnahmezustand bleiben. Ein gewisses Herausfallen aus der Realität ist als emotionale „Narkose" eine Zeit lang hilfreich. Aber um aus der Narkose aufzuwachen, braucht es das Einwirken von außen. Menschen dürfen uns zurückhelfen, damit wir nicht in einer Art „Wachkoma" unser weiteres Leben verbringen.

Also, was brauchen Sie? Was tut Ihnen gut, wenn Sie traurig sind? Gehen Sie einmal die folgenden Bereiche im Geiste durch:

Trost auf körperlicher Ebene: Was passt für Sie?

Die Umarmung durch uns vertraute Menschen, um zu spüren, dass Sie nicht alleine sind.

Menschen einfach nur in der Nähe zu haben, die immer wieder nach Ihnen schauen und Sie ansprechen.

Jemand, der darauf achtet, dass Sie genügend essen, trinken, schlafen. Jemand, der Sie in diesen Bereichen versorgt und unterstützt.

Ein gutes Gefühl auf der Haut: besondere Kleidung, eine Decke, ein Bad, einen Handschmeichler, Licht oder Wärme, die Ihnen gut tun. Jemand, der Sie in diesen Bereichen versorgt.

Trost auf emotionaler Ebene: Was können Sie sich vorstellen?

Jemand, der einfach nur da ist und Ihre Trauer und die anderen Gefühle aushält.

Jemand, der Sie ermutigt, alles zum Ausdruck zu bringen, was sich in Ihnen abspielt. Jemand, der Ihnen bestätigt, dass Sie das alles denken und fühlen dürfen. (reden, ein Tagebuch führen, ..., s. o.).

Sie können auch Bücher von Menschen lesen, die ähnliches durchgemacht haben. Man kann sich mit anderen Betroffenen identifizieren, fühlt sich nicht mehr so alleine und erlebt u. U. das, was anderen in der Krise geholfen hat, als Ermutigung für den eigenen Weg.

Den Austausch mit Menschen, die verstehen können, wie es einem jetzt geht. Wo man reden kann und einfach sein kann, ohne gut gemeinte Rat-„Schläge" (z. B. eine Trauergruppe).

Trost auf geistiger Ebene: Was brauchen Sie?

Die Ermutigung und den Zuspruch, dass diese schwierige Trauerzeit vorbei geht, dass die innere Lähmung und die Blockaden nicht anhalten.

Eine Unterstützung bei Verwaltungsaufgaben, dem Gang zu Ämtern, dem Stellen von Anträgen u. ä.

Menschen, die Sie in Ihrem Fragen nach dem Sinn des Lebens ernst nehmen.

Trost auf spiritueller Ebene: Was wünschen Sie sich?

Jemand, der die Dunkelheit mit Ihnen aushalten kann, der mit hineingeht, sie nicht „wegbeten" will. Jemand, der die Zweifel und Wut mit Ihnen aushält und zulässt, und der Sie nicht mit frommen Ratschlägen abspeist.

Vielleicht möchten Sie einen Klagepsalm aus der Bibel herausschreien oder einen eigenen Klagepsalm schreiben.

Trauen Sie sich, nach Trost zu suchen, um konkrete Hilfe zu bitten und sie auch anzunehmen. Wenn Sie keinen Menschen Ihres Vertrauens haben, dann scheuen Sie sich nicht, eine Stelle aufzusuchen, die Sie unterstützen kann: Trauerberatungsstellen, Telefonseelsorge, Selbsthilfegruppen, ...

Es zeugt von mehr Stärke, sich mutig Hilfe zu holen, als alles hinter einer Selbstsicherheits-Fassade von verdrängter Angst oder Scham zu verstecken. Auf Dauer unterdrückter Schmerz hat negative Folgen.

Was verhindert Trost ?

- Angst, um Hilfe zu bitten
- Angst, als schwach angesehen zu werden
- Angst vor Gefühlen
- Angst vor Nähe
- Wunschfixierungen
- abgekapseltes inneres Kind
- Angst, ins Leere zu fallen
- nicht wissen, was einem gut tut

Blockierte Trauer und ihre Folgen

Ein gesunder Umgang mit Verlusterfahrungen dient dazu, das – durch den Verlust – gestörte körperliche, seelische, geistige und soziale Gleichgewicht wiederherzustellen. Fehlt die Trauerarbeit, kann das wie bei allen unterdrückten und verdrängten Gefühlen zu Erkrankungen führen.

Der Umgang mit Schmerz und Trauer muss in der Kindheit ebenso erlernt werden wie der Umgang mit den anderen Gefühlen. Sind die Fürsorgepersonen dazu nicht in der Lage, weil sie es selbst nicht gelernt haben oder weil sie den Trauerprozess aus verschiedenen Gründen ablehnen, sind die Kinder sich in ihrem Schmerz selbst überlassen und müssen ihn je nach Intensität mehr oder weniger stark verdrängen.

Sätze wie „Ein Indianer kennt keinen Schmerz", „Ein Junge weint nicht" oder „Heulsusen bekommen nie einen Mann" können dann zum Lebensmotto werden. Das betrifft Mädchen genauso wie Jungen.

Kinder machen so die Erfahrung, dass sie sich in schmerzlichen Situationen auf niemanden verlassen können und sich selbst helfen müssen. Dazu werden verschiedene Strategien entwickelt:

- die Verdrängungsmechanismen werden hier geboren. Sie sind für das Kind nötig zum Überleben.

- gleichzeitig werden auch Wünsche und Traumwelten geboren

- Wunschfixierungen können entstehen

Dazu gehört beispielsweise der starke Wunsch nach Fürsorgepersonen, die liebevoll für einen sorgen: „Wenn ich die richtigen Menschen habe, dann geht es mir gut." Oder auch die Vorstellungen von Eigenschaften, die man haben muss, um sich zu schützen: „Wenn ich mich richtig verhalte, dann bekomme ich Zuwendung", „Wenn ich stark genug, intelligent genug, fleißig genug bin, dann ..."

In (Tag-)Träumen können solche Wunschvorstellungen immer wieder durchlebt werden und dem Kind helfen, schwierige Situationen zu überstehen.

Können diese schmerzlichen Situationen später nicht aufgearbeitet werden, dann kann es geschehen, dass solche Wünsche wie zu einer Wunschfixierung ausarten, die sich immer wieder in reale gegenwärtige Situationen (meist unbewusst) hineinschleichen: Vom Chef wird vielleicht erwartet, dass er uns wie ein fürsorglicher Vater behandelt, die Seelsorgerin soll einen wie eine liebevolle Mutter versorgen, die Freunde sollen sich für unsere Einsamkeit verantwortlich fühlen, ...

Folgen von Wunschfixierungen

- Wir lieben die Wunschbilder von Personen oder Situationen mehr als die realen Personen oder Situationen
- Solange wir auf die Wünsche fixiert sind, können wir das Reale, Da-seiende nicht lieben: Schein verdrängt Sein
- Enttäuschungen werden aus nicht erfüllten Wunschvorstellungen geboren

Damit überfordern wir die Menschen um uns herum. Nicht sie müssen Verantwortung für uns übernehmen, sondern wir haben die Aufgabe, unser inneres Kind in seinem Schmerz zu trösten. Unsere inneren Kinder sollen von uns als Erwachsene liebevoll behandelt werden, nicht so, wie wir es bei unseren Fürsorgepersonen erlebt haben. Sonst führen wir selbst das fort, was diese an uns begonnen haben.

Verantwortung für das innere Kind zu übernehmen erfordert Mut, aber auch das Wissen, dass es letztendlich frei macht.

Im Verlauf der Aufarbeitung dieser „alten“ Trauer, kann es ein not-wendiger Schritt sein, auch die Wunschfixierungen zu „beerdigen“, sie loszulassen, um „erwachsen werden“. Wir kommen aus der Abhängigkeit heraus zu einer Selbstständigkeit, bei der das innere Kind sich auf unseren guten Umgang mit ihm verlassen kann. Ich entscheide selbst, was ein Teil meiner Seele braucht und überlasse das nicht mehr anderen.

Mangelerfahrungen in der Kindheit

Es kann sein, dass wir mit einer traurigen Grundstimmung unser Leben gestalten. Wenn wir uns dann auf die Suche nach der Ursache für diese Traurigkeit machen und uns mit unserer Vergangenheit beschäftigen, gehen wir oft davon aus, dass uns das geprägt hat, im guten wie im schlechten, was wir erlebt haben. Manchmal hat uns aber noch viel mehr das geprägt, was wir nicht erlebt haben, weil es einen ganz entscheidenden Mangel in unserem Leben darstellte. Als Kinder nehmen wir fast alles erst einmal so wie es kommt, erleben das als Normalität. Kinder sind enorm anpassungsfähig. Als Erwachsene erkennen wir vielleicht (manchmal erst beim Erziehen eigener Kinder), was wir nicht gehabt haben. Da gab es vielleicht einen deutlichen Mangel an Anerkennung, an Nähe, an Zuneigung, an ... Dieser nachträglich erlebte Verlust hat manchmal auch den Bedarf nach einem Trauerprozess und kann ganz unerwartet den Anspruch drauf geltend machen. Hier nehmen wir auch wieder die „alten" verdrängten Gefühle und Bedürfnisse wahr. Manche Bedürfnisse können noch im Nachhinein gestillt werden. Manches ist jedoch so, wie wir es uns gewünscht oder gebraucht hätten, nicht mehr möglich.

Wer als Kind z. B. in künstlerischen Bereichen nicht gefördert wurde, kann es als Erwachsener darin nicht mehr so weit bringen. Wer im schulischen Bereich nicht gefördert wurde, konnte vielleicht trotz großer Begabung kein Abitur machen und studieren. Vielleicht ist ihm so sein Wunschberuf versagt geblieben. Auch hier gilt es den Verlust von Entwicklungsmöglichkeiten auszutrauern.

FRAGEN:

- Wie wurde in der Herkunftsfamilie getrauert?
- Wie ist man mit seelischem Schmerz umgegangen, wie mit körperlichem?
- Was hat mir als Kind am meisten gefehlt?
- Wie bin ich als Kind mit Verletzungen umgegangen?
- Habe ich mir Traumwelten aufgebaut?
- Gibt es bei mir Wunschfixierungen?
- Habe ich mir die Vorstellung von bestimmten Erlöserpersonen oder Situationen geschaffen?
- Welche Wunschvorstellungen beeinflussen mich in meinen Beziehungen?
- Von welchen verlorenen Entwicklungsmöglichkeiten muss ich mich verabschieden?

Über das Weinen, Jammern und Klagen

Etwas, das wir alle sehr eng mit der Trauer verbinden, ist das Weinen. Manchmal sind es nur einige Tränen, die kullern, manchmal können wir über Minuten gar nicht mehr aufhören zu weinen, zu heulen, zu schluchzen, zu flennen, zu ... So ähnlich wie Anne und Kirsten in unseren Beispielen. Unsere Sprache hat eine Vielzahl von Begriffen dafür gefunden. Wir können das Weinen zwar durchaus einmal unterdrücken, aber immer gelingt uns das nicht. Wir spüren die Enge in der Kehle, wie es immer stärker wird, und dann kommen die Tränen und das „Heulen“. Die meisten Menschen mögen es gar nicht, wenn sie in der Öffentlichkeit weinen müssen. In unserem Land ist das auch nicht gut angesehen. Selbst bei einer Beerdigung wird es anerkennend erwähnt, wenn die Witwe „gefasst“ war und eben nicht vor den Trauergästen geweint hat.

Es ist schade, dass wir uns das Weinen oft nicht selbst gestatten, denn es tut uns gut. Mit dem Weinen drängt das dazugehörige Gefühl nach draußen und macht sich deutlich bemerkbar. Wir weinen nicht nur aus Trauer, sondern auch vor Angst, vor Wut, oder sogar vor Freude.

Oft möchten wir auch vermeiden, dass wir dabei sind, wenn jemand anders weint. Das Weinen hat etwas an sich, das uns mit hineinzieht in das Gefühl, das da gerade sehr heftig wird. Es wirkt ansteckend. Soll es ja auch, weil der Weinende Trost braucht. Vielleicht von uns? Und manchmal stehen wir dann hilflos da, weil wir uns mit diesem Thema noch nie befassen mussten.

Mit den Tränen kommen Gefühle zutage, die bisher nicht sichtbar sein durften. Manchmal gibt es auch einen richtigen Dammbruch der Tränen. Ein kleiner Anlass genügt, z. B. ein körperlicher Schmerz, und man kann gar nicht mehr aufhören zu weinen – obwohl es schon gar nicht mehr weh tut. Dann „hängen“ sich quasi „ungeweinte Tränen“ einfach dran (vielleicht von unserem inneren Kind) und wollen nach draußen.

Das erleben wir vielleicht auch bei einem klassischen „Taschentuchfilm“, bei dem uns zunächst nur die Rührung bzw. das Mitgefühl weinen lässt, und dann doch mehr zutage kommt als wir gedacht hatten.

Bei diesen Filmen merken wir aber auch wie gut es tut, sich einmal auszuweinen. Danach ist man irgendwie entspannter und gelassener. Gestatten Sie sich das ruhig öfter, es muss Ihnen nicht peinlich sein.

Tränen sind gut und hilfreich. Bedenklich wird es eher, wenn wir gar nicht mehr weinen können, wie beispielsweise in Zeiten einer Depression.

Also: Weinen ist erlaubt (auch Männern) und erwünscht!

FRAGEN:

- Wann muss ich weinen?
- Welche Gefühle nehme ich beim Weinen wahr?
- Ist mir Weinen peinlich? Warum eigentlich?

ÜBUNG:

Wenn Sie das nächste Mal weinen müssen, stellen Sie sich vor, dass diese Tränen in einem großen Krug gesammelt werden und sehr kostbar sind.

Jammern und Klagen

Familie Typisch sitzt beim Abendessen. Kai hat den Kopf gesenkt und schiebt sein Brot hin und her. Kirsten kann das nicht mit ansehen: „Kai, was hast du denn? Ist dir nicht gut? Hast du keinen Appetit?" Kai grummelt vor sich hin: Wörter wie „so blöd" und „einfach Sch..." kann man gerade noch verstehen. Da sagt Michael plötzlich mit lauter und fröhlicher Stimme: „Dann jammer doch, jammern hilft!"

Alle schauen Michael überrascht an. Was ist das denn? Kai sagt nur genervt: „Geht's noch?" Michael hat den Eindruck, dass er diesen Satz wohl erklären muss: „Das hat uns neulich ein Trainer in einem Workshop erzählt, dass so ein Spruch hilft, und ich wollte das schon immer mal ausprobieren. Aber wie ich mir schon gedacht habe, bringt das gar nichts." Nun senkt Michael seinen Kopf.

Da hat er aber seine Familie unterschätzt. Kirsten und Anne entwickeln eine angeregte Diskussion über das Jammern und erzählen einige Beispiele. Da kommen so manche auch lustige Anekdoten auf den Tisch. Nach zehn Minuten grinst sogar Kai wieder vor sich hin.

Jammern hilft?

Natürlich nicht wirklich. Wenn man ins Jammern kommt, dann ist man meistens hinterher in noch schlechterer Verfassung als vorher.

Aber: Darüber reden ist hilfreich. Wie kann man aber über seine negativen Erlebnisse sprechen, ohne ins Jammern abzugleiten? Es gibt einen Begriff, der so eine Art positives Jammern umschreibt: das Klagen. Das Klagen ist eine alte biblische Tugend. Es gibt nicht nur einen Klagepsalm, sondern viele. Und sogar ein ganzes Buch in der Bibel, das sich mit dem Klagen beschäftigt: die Klagelieder. In diesem Text wird die Geschichte von Israel erzählt, wie es unter Krieg, Vertreibung und unter der Zerstörung des Tempels gelitten hat. Die Geschichte wird erzählt und die emotionale Verfassung der Menschen wird sehr deutlich geschildert. In diesem Text gibt es eine Fülle von emotionalen Beschreibungen zu entdecken: Tränen, Kummer, Weh, Trübsal, Bedrängnis, Elend – um nur eine kleine Auswahl zu nennen. Die Trauer wird so deutlich und greifbar – und trotzdem ist dieser Text kein Jammern. Der Text führt nicht in die Verzweiflung. Die Klage führt durch das Erzählen der Geschichte und das schonungslose Benennen der Gefühle eindeutig zur Erleichterung.

Und was ist dann Jammern im Gegensatz zur Klage? Das Jammern hat eher Lästern und Schuldzuweisung zum Ziel. Andere Menschen werden herabgesetzt und man dreht sich in endlosen Wiederholungen. Die Geschichte wird gar nicht wirklich erzählt, sondern nur Bruchstücke hingeworfen. Außer der deutlichen Wut kommt da auch nicht wirklich eine klare Emotion zu Wort. Und dieses Wiederholen von Negativem, das erleichtert überhaupt nicht. Wer jammert, will oder kann den Schmerz noch nicht wirklich an sich heranlassen. Es ist der Versuch, den Schmerz in die Verantwortung anderer zu geben (auch vorgestellter Personen). Wer jammert, erfährt keinen Trost durch seine Mitmenschen.

Der Klagende ist am Schmerz dran. Das Klagen zeigt uns, dass wir den Schmerz zulassen, und dass wir den Verlust wahrnehmen und uns im Prozess des Akzeptierens befinden. Das Klagen ist der Ausdruck der tiefen schmerzlichen Empfindung.

Im Gegensatz dazu wollen wir mit dem Jammern dem Verlust nicht wirklich ins Auge sehen. Jammern verhindert echte Trauer, es versucht das Verlorene festzuhalten, indem es idealisiert oder kritisiert.

Also: Jammern hilft nicht – klagen schon.

FRAGEN:

- Kann ich bei mir oder anderen Menschen den Unterschied zwischen Jammern und Klagen entdecken?

ÜBUNG:

- Schreiben Sie einen eigenen Klagepsalm.
- Schreiben Sie die Geschichte der Ereignisse auf, die Sie so sehr traurig und/oder wütend gemacht hat.
- Machen Sie jeden Tag mit sich selbst einen Termin: Zehn Minuten Jammern und anschließend das „Gejammere“ in Form einer Klage zu Papier bringen (schreiben, malen, ...)

Mitleid oder Selbstmitleid

So wie es Sinn macht, das Jammern vom Klagen klar zu unterscheiden, macht es auch Sinn, das Mitleid klar vom Selbstmitleid zu trennen. Mitleid bedeutet, mit einem, den ein Leid getroffen hat, mit zu leiden. Es bedeutet, dem anderen die Schulter hinzuhalten, auf die er sich in seinem Leid stützen kann, bedeutet, sich auf den Schmerz des Betroffenen einzulassen und nicht einfach zu gehen, wenn es unangenehm wird.

Im Abschnitt über das Trösten haben wir erfahren, dass der vom Leid betroffene Mensch Zuwendung braucht, um es zu überwinden. Im Mitleid wende ich mich dem Leidenden zu und versuche herauszufinden, was er braucht, was ihm in seinem Schmerz helfen könnte. Da geht es nicht um mich als Helfenden, sondern um den Betroffenen.

Trauernde brauchen Mitleid. Normalerweise erregen vom Leid betroffene Menschen auch unser Mitleid. Das ist gut so, damit sie es nicht extra einfordern müssen.

Coolness von Seiten der Leidtragenden oder Gefühlskälte bei den Mitmenschen verhindern das Entstehen des Mitleids.

Wenn Sie das Wort Mitleid gar nicht mögen, dann ersetzen Sie es einfach durch Mitgefühl. Vielleicht ist uns die Vorstellung sympathischer, uns vorzustellen, dass der andere nicht mit uns leidet, aber nachfühlen kann, wie es uns geht.

Bekommen Menschen, die trauern, kein Mitleid und Mitgefühl, bleiben sie allein mit ihrem Schmerz, bis sie selbst um Trost bitten.

Menschen, die sich nicht trauen, um Trost zu bitten, haben es da schwer. Entweder sie verdrängen den Schmerz oder sie versuchen, bei anderen Mitleid auszulösen, indem sie immer wieder von ihrem Leid reden oder es anders sichtbar machen, ohne allerdings konkret um Hilfe zu bitten.

Eine weitere Möglichkeit ist, sich das Mitleid selbst zu geben, eben das Selbstmitleid. Selbstmitleid betrifft vor allem Menschen, deren Leid in der Kindheit nicht getröstet wurde. Sie suchen sehr oft noch nach der „richtigen" Fürsorgeperson, die ihr inneres Kind heute trösten soll. Doch andere Menschen können die Innenkinder nicht trösten. Erkennen wir diesen Zusammenhang nicht, bleibt der Mangel bestehen und wir müssen uns weiter nach Mitleid umsehen. Das Suchen nach Mitleid kann dann zu einer emotionalen Dauerbeschäftigung werden. Wir kreisen dann beständig mit dieser Erwartungshaltung an andere um unser wundes Selbst. Wir haben zwar Mitleid mit uns selbst, schaffen es aber nicht, uns selbst zu trösten. Wie man sein inneres Kind trösten kann, haben Sie ja nun schon in den Übungen zu den alten Gefühlen gelernt. Damit haben Sie ein ganz wichtiges Werkzeug erworben, um mit sich selbst in einem guten Sinne (mit-)leiden zu können und, wenn notwendig, auch das innere Kind zu trösten.

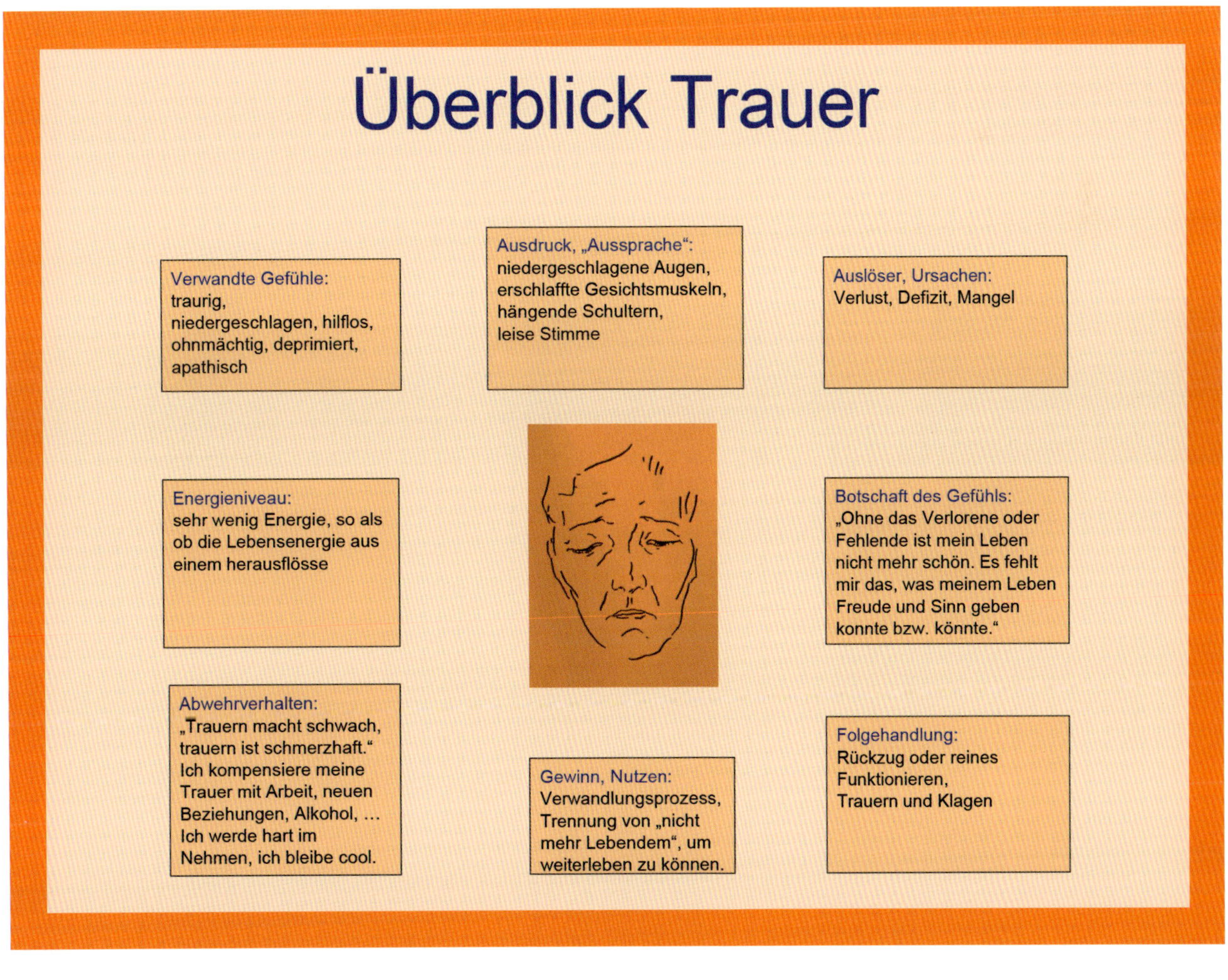

Freude

Anne ist auf dem Heimweg von der Schule. Heute geht sie den Hügel nicht hinauf, sie schwebt geradezu. Alles ist so leicht, sie weiß gar nicht, wann es ihr das letzte Mal so gut gegangen ist. Leon hat ihr eine Nachricht geschickt, dass er sich gern mit ihr heute treffen will. LEON HAT EINE NACHRICHT GESCHICKT! Anne hört immer wieder den gleichen Song auf ihrem Handy: Happy! Eigentlich findet sie das Lied auf Dauer eher öde, aber heute ist es einfach dran. Sie ist so glücklich, so ..., ach, sie könnte glatt hier auf der Straße tanzen. Aber das traut sie sich dann doch nicht. Aber das leichte Lächeln auf ihrem Gesicht verliert sich noch lange nicht. LEON ... Dagegen wird selbst die überraschend gute Note, die sie in der Mathearbeit hat, zu einer unbedeutenden Nebensache.

Anne ist begeistert, fröhlich, frisch verliebt ... Anne freut sich einfach. In den letzten Kapiteln hatten wir es eher mit unangenehmen Gefühlen zu tun. Nun ist sie dran, die Freude. Muss man dazu überhaupt etwas sagen? Das ist doch nicht problematisch und das kann doch jeder ganz von selbst, oder?

Die Freude hat eine ganze Menge Verwandte, quasi eine große Familie. Da gibt es die Begeisterung, die Liebe, den Eifer, die Würde, die Entschlossenheit, das Glück, die Lust, den Spaß, den gesunden Stolz und das Staunen.

Vielleicht fällt Ihnen noch ein weiterer Verwandter ein, der sich bei Ihnen gern zusammen mit der Freude einstellt.

Was ist Freude?

Freude ist Lebensenergie, die aus uns heraus will, um sich mitzuteilen. Alle sollen sich mitfreuen, weil wir etwas Schönes erleben. Im Mit-(einander)teilen wächst die Freude, bei einem selbst und bei denen, die sich mit freuen können. Wann entsteht diese „positive Energie“?

Freude entsteht, wenn man etwas Gutes geschenkt bekommt oder wenn man eine Zuwendung erlebt. Denn wenn man etwas geschenkt bekommt, dann wird mit dem Geschenk vom Geber gleichzeitig Wertschätzung und Anerkennung vermittelt:

„Du bist wichtig!“ ist eine Botschaft der Freude.

Wenn wir die Augen und das Herz dafür offen haben, dann können wir jeden Tag eine ganze Menge Geschenke entdecken. Das sind nicht nur Geschenke, die man anfassen kann, sondern viele Arten von Zuwendungen. Dazu gehören z. B.

- Zeit: der heutige Tag, Freizeit, Urlaub, gewährter Aufschub von Arbeiten, Lebenszeit, Gesundheitszeit, Zeit mit anderen Menschen, ...

- Raum: schöne Orte, stille Orte, Raum zu zweit, eigene Wohnung, schön gestalteter Arbeitsplatz, ...

- Erfahrung von Zuwendung: freundliche Blicke, wertschätzende Berührung, Umarmung, Sex, ermutigende Worte, Lob, ...

- Erkenntnis: Ideen, Aha-Erlebnisse, neue Entdeckungen, Freude an Gedanken und an Wissen, Neugier, ...

- Materielles: angefangen vom Blumenstrauß über ein gutes Essen, ...

Das klingt eigentlich ganz einfach und selbstverständlich. Aber so seltsam es auch anmutet: Wir brauchen Vorbilder dafür, Freude zu empfinden und auszudrücken. Ebenso wie bei den unangenehmen Gefühlen erlernen wir auch den Umgang mit der Freude.

FRAGEN:

- Schenke ich lieber oder bekomme ich lieber etwas geschenkt?
- Wie haben sich meine Eltern gefreut?
- Wie sind sie mit Geschenken umgegangen?
- Konnten sich die Eltern etwas schenken lassen?
- Gab es zuhause Begeisterung, Neugier, Staunen, Spontaneität?
- War Dankbarkeit ein Thema?
- Wurden Geschenke „berechnet“, damit man den Gegenwert zurück schenken konnte?

Wenn Zuwendung, oder etwas geschenkt bekommen, die Ursache für Freude ist, dann bedeutet es, dass wir uns einmal damit befassen sollten, wie wir mit Geschenken umgehen und was Zuwendung in uns bewirkt.

Kennen Sie das? Da wollen Sie jemand etwas schenken und der sagt gleich: „Das wäre doch nicht nötig gewesen." Oder sie wenden sich jemand zu, wollen ihm etwas Gutes tun, und der Betreffende wendet sich ab oder weist Sie ab? Dieses Verhalten kann uns sehr irritieren. Manchmal fühlt es sich an wie ein Schlag ins Gesicht oder eine persönliche Zurückweisung. Derjenige, dem ich etwas von mir geben will, will es nicht oder nur unter bestimmten Bedingungen. Ich fühle mich abgelehnt. Ich will jemand eine Freude machen, ihm Wertschätzung ausdrücken und er verschließt sich vor mir und meiner Gabe. Nun kann er sich nicht freuen und ich mich gleich zweimal nicht.

Ein anderes Beispiel: Da lobt mich jemand, weil ich etwas gut gemacht habe oder ich toll aussehe, und ich wehre ab, spiele es herunter, mache es klein. Es ist mir irgendwie unangenehm, erst recht, wenn andere dabei sind. Es fällt mir schwer, Zuwendung anzunehmen.

Zur Freude braucht es eigentlich zwei, den Geber und den Empfänger. Und die müssen in der richtigen Art und Weise zusammen kommen. Es ist wie bei einem Funkgerät: Wenn das Gerät nicht auf Empfang eingestellt ist, dann kann der Sender viele Signale senden, die zwar in der Luft herumschwirren, aber nicht ankommen. Der Empfänger muss sein Gerät eingeschaltet und auf die richtige Frequenz gestellt haben, und der Sender muss sich, bevor er sendet, die richtige Frequenz heraussuchen.

Lassen Sie uns den Vorgang „Schenken" einmal aus der Sicht des Beschenkten ganz genau betrachten:

1. Schritt: Empfangen – „Hier bin ich gemeint"

Ich wende mich demjenigen zu, der mich beschenkt, dem Geber und öffne mich ihm. Ich nehme wahr, dass da jemand ist, der mich sieht und der sich Gedanken darüber gemacht hat, wie die „Frequenz" aussieht, auf der er mich erreichen kann. D. h. er hat mir schon Zeit geschenkt mit Überlegungen, was mir gefallen könnte, was zu mir passt, wie er mir zeigen könnte, dass er mich wertschätzt – eben, wie er mir zeigen kann, dass er mich mag. Ich bin ihm wichtig! Ich habe einen Raum in seinem Herzen, in seinen Gedanken, ... Das Geschenk ist dann das Ergebnis eines „Zuwendungsprozesses". Er hat versucht, sich auf meine „Liebes-Frequenz" einzustellen.

(Nun kommt für den Geber das bange Hoffen: „Habe ich die richtige Frequenz gefunden"? Öffnet sich der Empfänger? Denn erst dann kann die Zuwendung zum Geschenk werden. Das ist der Augenblick, wo der Geber sehr offen ist, wo er sich verletzlich macht, denn hier kann alles geschehen: Annahme oder Ablehnung!)

Wenn ich es zulassen kann, dass der Geber durch seine „Gabe" in meinem Herzen „ankommen darf", dann ist die Verbindung geglückt. Dann ist Schritt 1 zur Freude geglückt.

2. Schritt: Auspacken und Annehmen

Wenn das Empfangen ge-Glück-t ist, geht es an das Auspacken des Geschenkes. Um im Beispiel mit dem Funkgerät zu bleiben: Der Sender hat die richtige Frequenz gewählt, der Empfänger war eingeschaltet und hat die Botschaft empfangen. Jetzt geht es darum, den Inhalt der Botschaft zu entschlüsseln (auszupacken) und zu entscheiden, was ich mit dieser Botschaft mache.

Sind Geschenke verpackt, dann können wir uns prinzipiell entscheiden, ob wir das Geschenk wirklich auspacken oder es verpackt ins Regal stellen möchten. Unausgepackt wird es zum Staubfänger und verliert den ursprünglich beabsichtigten Sinn.

Wir können das Geschenk aber auch auspacken und die Botschaft, die der Geber damit übermitteln wollte, „lesen“. Wenn das Geschenk ausgepackt wurde, kann es intensiv betrachtet werden und auch ausgiebig beschrieben werden. Wir können es anderen zeigen oder davon berichten. Wir können die Freude darüber schon jetzt teilen.

Was bedeutet dieses Bild ganz praktisch für unseren Alltag? Nehmen wir einmal das Lob: Sie werden gelobt. Was machen Sie mit diesem Geschenk? Sie können sich entscheiden:

- verweigern: „Das stimmt doch nicht – das sieht der andere falsch, da gibt es gar nichts zu loben.“

- annehmen und ins Regal stellen. Das klingt vielleicht so: „Ja vielleicht, das ist aber nett gemeint, aber andere können das doch genauso gut.“

- annehmen, auspacken, und dann ins Regal stellen. Das Geschenk kann nicht wirklich wirken. Sie denken vielleicht: „Danke, da sieht ja mal jemand etwas Gutes in/an mir, das hat aber ja doch weiter keine Auswirkung.“

- annehmen und es verinnerlichen, damit leben.

3. Schritt: Anwenden – es gebrauchen

Die Wirkung eines Geschenkes kann sich erst ganz entfalten, wenn ich es gebrauche. Dann entwickelt sich die Freude, die wir bei der Übergabe empfunden haben, noch weiter. Jetzt kann die Zuwendung, die mit dem Geschenk verbunden ist, tiefer sacken. Wenn diese Zuwendung nicht nur im „Kopf“ bleibt, sondern mein Herz berühren darf, bewirkt sie auch eine echte und tiefe Freude, die aus dem Herzen kommt.

Aus der Zuwendung wird dann die Botschaft der Wertschätzung: „Du, ich mag dich, du bist mir kostbar, ich denke an dich.“ Wenn das für mich zur Wahrheit wird, dann nährt das meine Seele.

Hier nähern wir uns einem ganz großen Thema, der Liebe! Liebe ist das Grundnahrungsmittel unserer Seele. Das hat etwas mit Beziehung, Glauben und Vertrauen zu tun. Wir spüren, ob ein Geschenk oder eine Zuwendung echt ist und von Herzen kommt, oder nur eine Pflichterfüllung ist. Dann kann sich auch Misstrauen einschleichen, ob wirklich ich gemeint bin als Empfänger oder ob die Botschaft des Geschenks ein versteckter Auftrag an mich ist: „Weil du etwas bekommst, musst du mir dafür etwas geben!“ Und schon ist jegliche Freude dahin.

Ein Geschenk, das nicht aus dem Herzen des Gebers kommt, erreicht meistens auch nicht das Herz des Empfangenden.

4. Schritt: Dankbarkeit

Der Vorgang des Schenkens ist erst wirklich abgeschlossen, wenn der Geber die Rückmeldung bekommt, dass er mit seinem Geschenk in meinem Herzen „landen“ konnte. Im Idealfall, wenn die Frequenz stimmt, die wertschätzende Botschaft erkannt und die liebende Zuwendung angenommen wird, entsteht ganz automatisch beim Beschenkten Freude! Und gleichzeitig das Bedürfnis, dem anderen die Freude zu zeigen, sie mit ihm zu teilen, ihn miteinzubeziehen. Oft kommt dann ganz automatisch das „Danke!“. Das Danke sagen besiegelt sozusagen diese „Liebestransaktion“. Der Geber weiß, jetzt ist es gut, alles ist angekommen. Das „Danke“ ist die Zuwendung, das Geschenk des Beschenkten an den Geber. Beide sind beschenkt.

Die Dankbarkeit kann, muss sich aber nicht in Worten äußern! Gelebte Freude und das Gebrauchen des Empfangenen sind ein viel tieferer Beweis der Dankbarkeit als nur gesprochene Worte.

Durch das Aussprechen der Dankbarkeit wird jedoch auch das Geschenk innerlich festgemacht.

Wie wir bei den anderen Gefühlen gesehen haben, gibt es „alte" und aktuelle Gefühle. Alte Gefühle beeinflussen uns ebenso wie die aktuellen. Wenn wir uns also immer wieder mit den Situationen beschäftigen, wo wir etwas geschenkt bekommen haben, löst es in uns Dankbarkeit aus, so, wie es in uns Trauer auslöst, wenn wir uns immer wieder mit den frühen Situationen von Verlust beschäftigen.

Und genauso verhält es sich mit den Situationen, die wir uns für die Zukunft vorstellen: Wenn wir uns überlegen, wie wir anderen zeigen können, dass wir sie wertschätzen, dann wird die Beschäftigung mit Wertschätzendem unsere Gedanken und unser Herz füllen. Es lohnt sich also mal darüber nachzudenken, was wir schon alles in unserem Leben geschenkt bekommen haben.

Wer ein Geschenk annehmen will, muss

- die Hände öffnen
- auf die Botschaft des Gebers hören
- die Gabe umfassend betrachten, vielleicht auch beschreiben
- die Gabe nutzen

und damit Freude und Dank im Geben und Nehmen zum Ausdruck bringen.

Machen Sie doch jetzt einmal eine kleine Lesepause und denken Sie darüber nach, wie Sie jemandem eine Freude machen können, oder schenken Sie sich selbst etwas!

Nehmen Sie sich nun etwas Zeit für die folgenden zwei Formulierungen und die inneren Bilder, die Sie damit verbinden:

Das habe ich mit Freude empfangen!

und

Das kann ich ausgiebig genießen!

Lassen Sie einige Erlebnisse, die Sie damit verbinden, vor Ihrem inneren Auge ablaufen und feiern Sie etwas innere Freude.

„Empfangs- und Sendefrequenzen" für Freude

Anne pflückt auf dem Weg einige Blumen und nimmt sie mit nach Hause. Sie lässt alle ihre Sachen im Hausflur fallen und drückt ihrer überraschten Mutter den Strauß Wiesenblumen in die Hand: „Da, Mama für dich!" Kirsten freut sich riesig, das war schon eine ganze Weile her, dass ihr kleines Mädchen mit selbstgepflückten Blumen nach Hause kam. „Danke, das ist ja nett, die stelle ich gleich in eine Vase. Na, und dir scheint es ja richtig gut zu gehen, oder?" Mutter und Tochter setzen sich an den Küchentisch und Anne erzählt, erst von der guten Mathenote und dann auch von Leon. Normalerweise erzählt sie ihrer Mutter nicht von jedem Jungen, den sie gut findet, aber heute ist das anders. Außerdem kann man ihrer Mutter auf Dauer eh nichts verheimlichen, die bekommt alles irgendwie mit. Also berichtet sie auch von Leon und ihre Augen leuchten dabei vor Begeisterung.

Ein ganz selbstverständliches Geben und Nehmen. Gemeinsame Freude ohne Scham oder Ängstlichkeit. Dass Kirsten und Anne das als Mutter und Tochter teilen können, ist ein großer Schatz. Sie haben eine gemeinsame „Freude-Kultur" entwickelt, die sie beide pflegen und genießen. Freude teilen, mitteilen und gemeinsam erleben verbindet Menschen auf eine sehr schöne Weise. Also, wie wäre es mit einer solchen Übung zur Freude-Kultur heute? Haben Sie schon eine Idee? Falls nicht, kommen hier noch einige Anregungen:

Die „Liebessprachen"

Unsere Freude-Kultur haben wir irgendwann einmal erlernt bzw. entwickelt. Dabei geht es immer wieder um ein Geben und Nehmen. Wir haben schon einiges betrachtet, das man geschenkt bekommen kann. Aber nicht jeder freut sich über jedes Geschenk. Was antworten Sie, wenn man Sie fragt, was man Ihnen schenken kann? Wissen Sie eigentlich, wie man Ihnen eine Freude machen kann? Auf welchen Frequenzen sind Sie ansprechbar bzw. erreichbar für Gaben?

In diesem Kapitel haben wir schon die Verknüpfung von Freude mit Dankbarkeit, Vertrauen und der Liebe erwähnt. Der amerikanische Autor Gary Chapman hat den Gedanken der unterschiedlichen Frequenzen in seinen Büchern als die „5 Sprachen der Liebe" bezeichnet. Er sagt, dass wir grundsätzlich alle einen „Liebestank" besitzen, in den alle Wertschätzung, Zuneigung, Nähe und ähnliches kommt und dort lagert. Mit einem gefüllten „Liebestank" ist das Leben für uns angenehmer, erfüllter und leichter. Wir haben mehr Energie und erleben mehr Freude. Aber: Nicht alle Menschen empfinden die gleichen Erfahrungen als „Treibstoff". Chapman benennt folgende fünf unterschiedlichen „Liebessprachen":

Lob und Anerkennung

Diese Liebessprache ist am ehesten eine Sprache. Menschen, die hier empfänglich sind, wollen etwas hören! Sie möchten verbales Lob oder auch das klassische „Ich liebe dich!". Die Kehrseite ist, dass sie besonders empfindsam auch auf verbale Kritik reagieren. Kinder, die hier besonders empfänglich sind, ertragen es schlecht, wenn man mit ihnen schimpft.

Zweisamkeit

Menschen, die hier besonders empfänglich sind, brauchen die Zeit allein zu zweit. Jemand, der sich Zeit für sie nimmt und nur für sie jetzt da ist.

Geschenke

Der Strauß Blumen oder das Mitbringsel von der Reise, das Überraschungsgeschenk oder das ganz besondere zu Weihnachten: Menschen, die diese Liebessprache bevorzugen, möchten Geschenke als Beweis für Zuneigung. Und nicht irgendwelche, sondern etwas, das bezeugt, dass man sie kennt und an sie gedacht hat. Dafür sind sie selbst auch immer mit Geschenken unterwegs.

Hilfsbereitschaft

Menschen, die Hilfsbereitschaft schätzen, blühen auf, wenn man sie unterstützt. Das kann das berühmte Rausbringen der Mülltonne sein oder andere ganz praktische Hilfestellungen im Alltag. Es geht darum, die Nöte wahrzunehmen und einfach anzupacken bzw. Unterstützung anzubieten.

Zärtlichkeit

Natürlich zeigt sich Zuneigung auch in körperlicher Nähe. Hier wäre der Blumenstrauß ganz umsonst, wenn er nicht mit einer herzlichen Umarmung überreicht wird. Menschen, die hier empfänglich sind, brauchen Körperkontakt, oft sind sie schon als Kinder „verschmust".

Jeder Mensch spricht eine oder auch mehrere „Liebessprachen" quasi als Muttersprache – ohne es zu wissen. Wir gehen unbewusst davon aus, dass Zuneigung so oder so erlebt und gezeigt wird. Daher kann es dazu kommen, dass Menschen „aneinander vorbei lieben". Sie bekommt oft Blumen, wünscht sich aber, dass er einmal sagt „Ich liebe dich". Er möchte gar nicht so oft etwas unternehmen, wünscht sich aber, dass sie ihn öfter einfach berührt. Sicher fallen Ihnen noch mehr Beispiele aus dem eigenen Erleben oder von Bekannten dazu ein.

In der Kindererziehung kann das Wissen um die Liebessprachen auch sehr hilfreich sein. Ein Schmuse-Kind blüht auf durch eine Massage, ein Lob-Kind strahlt, wenn man seine Leistungen lobend erwähnt, ein Hilfsbereitschafts-Kind freut sich, wenn es beim Aufräumen Hilfe bekommt, ...

Es lohnt sich, einmal Zeit für das Thema „Liebessprache" zu investieren. Trauen Sie sich, über dieses Thema ins Gespräch zu kommen, und seien Sie gespannt auf die positiven Folgen.

Kirsten und Anne haben in unserem Beispiel ein gutes Geben und Nehmen, weil sie sich schon so lange kennen und aufeinander eingehen. Kirsten hat sich sehr über die Blumen gefreut, weil sie sehr gern Geschenke bekommt und schon lange keinen Blumenstrauß mehr geschenkt bekommen hat (auch nicht von ihrem Mann Michael). Anne brauchte dringend jemand zum Reden, der ihr wirklich zuhört, jetzt für sie da ist und sich wirklich mit ihr freut. Genau das hat Kirsten für ihre Tochter gemacht.

Es ist lohnend, sich einmal damit zu beschäftigen, wie ich schenke und wie ich empfange. Je mehr Frequenzen ich kenne, desto mehr Möglichkeiten habe ich, andere „Funkstationen" zu erreichen oder von anderen „angefunkt" zu werden.

Und manchmal „funkt's" dann richtig!

FRAGEN:

- Was verschenken Sie am liebsten?
- Wie wünschen Sie sich Zuneigung?
- Welches ist meine Art, dem anderen zu sagen, dass ich ihn mag oder ihm Wertschätzung entgegenbringen möchte? Kommt das immer richtig an?
- Sende ich auf derselben Frequenz wie ich empfange?

ÜBUNGEN:

- Machen Sie in der nächsten Woche jemandem eine richtige Freude.
- Wenn Sie mögen, beginnen Sie ein Tagebuch der Freude. Da kommen Ereignisse und Erlebnisse rein, über die sie sich gefreut haben. Vielleicht auch mit eingeklebten Fotos oder Eintrittskarten oder ...
- Schauen Sie sich immer mal wieder ihre Urlaubsbilder an.
- Machen Sie einen Spaziergang in der Natur: Was alles empfangen Sie an Schönem über die Augen, Ohren, Nase, den Tastsinn, ...?
- Probieren Sie einmal unterschiedliche Liebessprachen aus.
- Trauen Sie sich einmal zu sagen, wenn Sie gern in einer anderen „Liebessprache“ angesprochen werden möchten.

Was Freude verhindert

Diesmal hat es Kai erwischt. Er war ans Telefon gegangen, als Tante Lisbeth angerufen hatte. Leider war seine Mutter nicht da, an die er normalerweise Tante Lisbeth sofort weiterreichte. Also muss er zumindest einige Minuten mit ihr telefonieren, was wirklich kein Vergnügen ist. Er nutzt seine bewährte Taktik: Er sagt nichts und grunzt ab und zu ein „Mmh" dazwischen. Tante Lisbeth beschwert sich mal wieder. Seine Mutter hatte ihr anscheinend Blumen zum Geburtstag geschickt und es waren die falschen gewesen. Falsche Farbe und falsche Sorte, obwohl das Kirsten doch eigentlich mittlerweile wissen müsste ... usw.

Kai gibt ihr etwa drei Minuten, dann unterbricht er sie und sagt, dass er dringend weg muss. Kai ist ja nun wirklich nicht besonders selbstbewusst und bestimmend, aber bei Tante Lisbeth, das weiß er, geht es einfach nicht anders. Tante Lisbeth schweigt erstaunt kurz, und das reicht Kai schon, um sich knapp zu verabschieden und aufzulegen. Wahrscheinlich wird sie sich dann beim nächsten Telefongespräch über seine schlechten Manieren beschweren, aber das ist ihm egal, das muss sich dann seine Mutter anhören.

Kai kann es kaum fassen, dass sich Tante Lisbeth wirklich darüber aufregt, dass sie Blumen bekommt. Diese Frau soll froh sein, dass ihr überhaupt noch jemand etwas schenkt, so wie die drauf ist. Aber einfach mal „Danke" sagen, das hatte sie wohl nie gelernt. Da sind ja nun sogar Kais Manieren besser! Und freuen konnte sich Tante Lisbeth anscheinend auch nicht, anscheinend echt über gar nichts, echt krass.

Sogar der zwölfjährige Kai bemerkt, dass Tante Lisbeth mit Dankbarkeit und Freude nicht viel Erfahrung hat. Sie ist ein klares Beispiel dafür, dass irgendwo in dem Prozess des Schenkens etwas nicht funktioniert hat. Sie hat etwas bekommen, kann es aber gar nicht annehmen und vor allem keinen Dank und keine Freude empfinden. Das liegt sicherlich nicht an Kirsten und ihrem Blumenstrauß. Wahrscheinlich sind es Gründe, die mit Kirsten gar nichts zu tun haben.

Auch bei der Freude gibt es wie bei den anderen Gefühlen, die wir schon kennengelernt haben, aktuelle Blockaden und „alte" Ursachen. Die aktuellen Blockaden sitzen oft auf alten Fundamenten. Daher wollen wir uns zunächst einmal mit der Freude in unserer Vergangenheit befassen.

„Empfangsstörung" – Misstrauen

Wir haben gesehen, dass Freude nur entstehen kann, wenn wir uns dafür öffnen und wenn wir empfangen können. Wenn wir nicht gelernt haben, uns zu öffnen und zu empfangen, dann kann eine prinzipiell misstrauische Lebenshaltung entstehen.

Als Kinder sind wir auf das Empfangen und die Versorgung durch andere angewiesen. Wir behalten diese ausgeprägten „Empfängerfähigkeiten" im Normalfall lange bei. Kinder sind neugierig, wollen alles be-greifen, untersuchen, wissen, und können noch richtig staunen.

Wir empfangen aber nicht immer nur Förderliches und Schönes, sondern oft auch Ungesundes und Zerstörerisches. Das tut weh, das beschämt und schränkt das ungebrochene Vertrauen, das Urvertrauen, ein. Wiederholt sich diese Erfahrung, wird immer mehr Misstrauen geboren.

Je mehr und je früher wir Zerstörerisches erleben bzw. aufnehmen, desto mehr grundsätzliches und oft auch unangemessenes Misstrauen entwickeln wir. Wir bauen innere Mauern auf, um uns zu schützen. Das „innere" Kind wird damit leider auch von Erfreulichem abgeschirmt. Wir können uns dann immer weniger „von Herzen" freuen.

Fehlende Vorbilder – Prägung

Unsere Eltern konnten uns nur das weitergeben, was sie selbst zu geben hatten. Den Umgang mit Gaben haben wir durch Vorbilder verbal und nonverbal vermittelt bekommen. Hier gibt es sehr unterschiedliche Prägungen:

– Freude als erlaubte spontane Reaktion

Da gibt es die Eltern A, die empfangen können. Sie freuen sich von Herzen über ein Geschenk, staunen über die Zuwendung, nehmen sie mit allen Sinnen wahr, freuen sich gemeinsam mit dem Geber und sind dankbar für die Wertschätzung.

– „Es gibt nichts umsonst, für Freude muss man zahlen"

Dann gibt es die Eltern B: Sie können zwar etwas empfangen, müssen aber sofort dafür etwas zurückgeben. Ein Geschenk braucht immer ein Gegengeschenk, so als ob man die Zuwendung bezahlen müsste. Ihr Motto ist „Es gibt nichts umsonst, alles muss bezahlt werden, man darf in niemandes Schuld stehen, man muss sich das Glück verdienen". In diesem Familiensystem wird Liebe verdient und nach Leistung berechnet. Jede Beziehung muss auf Kosten und Nutzen durchgecheckt werden. Das bezieht sich nicht nur auf die Beziehung zu anderen Menschen, sondern auch die zu mir selbst und zu Gott. Die ständige Grundfrage lautet: „Was kommt unterm Strich dabei raus?" Beziehungen werden sehr rational gelebt. Das Herz bleibt außen vor und damit auch die echte Freude.

– „Freude gibt es nur für die anderen"

Die Eltern C sind selbst immer zu kurz gekommen. Ihr Alltag ist geprägt von Angst und Sorge einerseits, und von Neid und Verbitterung, dass es den andern immer besser geht, andererseits. Sie erleben die Welt als „Jammertal" und vermitteln das auch ihren Kindern. Das ganze Leben erscheint ungerecht. Diese Eltern lenken den Blick ihrer Kinder auf Elend und Not, und haben keine Zeit und wenig Aufmerksamkeit, um über das Schöne zu staunen. Schönes wird oft durch die Verbitterung abgewertet. Falscher Stolz verhindert manchmal, sich etwas schenken zu lassen und es zu genießen. Die Wünsche der Kinder wurden meistens mit einem „Nein" beantwortet. So lernt man, dass die Welt wirklich nichts für einen bereithält und es sich nicht lohnt, sich etwas zu wünschen oder mit einem Geschenk zu rechnen. Nach dem Motto: „Lieber keine Wünsche, als erneut enttäuscht werden."

– „Freude" steht mir zu, die anderen haben dafür zu sorgen

Und dann gibt es noch die Eltern D: Sie wollten nur das Beste für ihre Kinder. Alles, was die Kinder sich wünschten, haben sie ihnen geschenkt, es gab Zuwendungen ohne Grenzen. Es gibt unterschiedliche Gründe, weshalb Eltern ihren Kindern keinen Wunsch unerfüllt lassen. Manchmal aus Angst, die Kinder könnten sie dann ablehnen, manchmal, weil sie ein schlechtes Gewissen haben. Zeit, in der sie mit den Kindern liebevolle Gemeinschaft haben könnten, wird oft durch materielle oder finanzielle Geschenke ersetzt. Die Beziehung beginnt sich allmählich zu verändern. Kinder lernen so, alles von allen zu erwarten, als ob es ihnen zustehen würde. Sie gehen dabei aber emotional leer aus. Der eigentliche Mangel, der die Herzensfreude verhindert, ist ein Mangel an liebevoller Zuneigung. Das „innere Kind" kann in seinem goldenen Käfig einsam ein Hungerleben führen.

FRAGEN:

- Muss ich mir alles verdienen?
- Erwarte ich, dass die anderen alles tun müssen, damit ich mich freuen kann?
- Rechne ich damit, dass mir unverhofft etwas Gutes widerfährt?
- Hinterfrage ich die Zuwendung?
- Wer waren meine Vorbilder in Bezug auf die Freude?
- Auf wen oder was bin ich alles neidisch?
- Womit habe ich mir früher als Kind Freude gemacht, womit mache ich es heute?
- Kenne ich Menschen, die sich nicht wirklich freuen können und nicht dankbar sind?

Blockaden durch unbeantwortete „alte" Gefühle

Wir haben schon einige Effekte von alten, unbeantworteten Gefühlen kennen gelernt. Sie können auch verhindern, dass wir uns angemessen freuen können. Und da treffen wir einige Bekannte wieder:

Scham und Angst

Wir trauen uns nicht, unsere Freude richtig zum Ausdruck zu bringen, weil wir erlernt haben, dass das ein „kindisches" Verhalten ist. Vielleicht haben wir auch Angst, dass wir dann als „habgierig" angesehen werden. Oder es ist uns einfach peinlich, dass man Gefühlsregungen an uns entdecken könnte, die nicht kontrolliert sind.

Bitterkeit und Neid

Wenn „alte" Wut, d. h. alte Kränkungen und Verletzungen unser Herz füllen und noch nicht auf den Weg der Versöhnung gebracht wurden, dann sind wir noch auf diese Wunde, die Wiedergutmachung oder „Vergeltung", fixiert. Schönes hat dann keinen Platz oder wird von der Wut sofort verschlungen. Diese Wut kann wenige Tage oder viele Jahre alt sein. Wenn sie da ist, nimmt sie den ganzen Raum. Sie kann sich lange Zeit als Tretmine im Unterbewusstsein verbergen. Sie verschwindet erst durch den Versöhnungsprozess.

Trauer und Depression

Auch unverarbeitete „alte" Trauer kann das Herz so überschwemmen, dass nur wenig Platz für das Erleben von Zuwendung vorhanden ist, vor allem wenn die Trauernden eine ganz bestimmte Form der Zuwendung erwarten und sich für andere Formen verschlossen haben.

Wunschfixierungen

Es kann geschehen, dass wir ganz bestimmte Vorstellungen haben, wie die Zuwendung aussehen muss, damit wir uns freuen können. Prinzipiell ist das gut und erstrebenswert. Schwierig wird es, wenn diese Vorstellungen unrealistisch sind. Wir beschreiben das gern mit den Begriffen: Traumpartner, Traumfamilie, Traumhaus, Traumjob, Traumurlaub – alles nach unseren Vorstellungen, nur leider so nicht möglich. Wenn dann ersehnte Zuwendungen nicht in unsere Traumwelt passen, gibt es ganz schnell eine Enttäuschung – das Ende einer Täuschung. Und das mögen wir nun ganz und gar nicht. Dann wollen wir lieber überhaupt nichts. Schade, oft bringen wir uns so um neue Erfahrungen und um schöne Erlebnisse.

Zurückweisungen

Sie entmutigen uns immer wieder neu, uns auf ein Geben und Nehmen einzulassen. Zurückweisungen schmerzen, da überlegt man sich schon, ob man neu Vertrauen investieren soll. Ständige Zurückweisungen können uns selbst zu einem „Zurückweiser" werden lassen. Daraus folgt, dass ich mich für Beziehungen verschließe. Ich will lieber nichts mehr erwarten, als wieder enttäuscht werden.

Schmerzen

Sie ziehen als Wächter von Körper und Seele alle Aufmerksamkeit auf sich, um behandelt zu werden. Da bleibt wenig Raum für die Freude. Erst muss die Wunde versorgt werden. Das kann eine körperliche oder seelische Wunde sein.

Wir sehen, es gibt viele Ursachen, weshalb Gutes nicht bei uns ankommen kann, obwohl es doch da ist und man sich darüber freuen könnte. Aber wir müssen dabei nicht stehen bleiben, wir können zu jeder Zeit damit beginnen, das Empfangen zu erlernen.

Sie sind bereits dabei: Sie empfangen im Moment durch das Lesen viele neue Impulse. Beim Annehmen und Umsetzen können sie zum brauchbaren Geschenk für Sie werden.

FRAGEN:

- Bei welchen Menschen verschließe ich mich vor ihrer Zuwendung?
- Ist es aus Angst, dass der Geber mich gar nicht meint oder etwas dafür haben möchte?
- Ist es eine Unsicherheit, dass meine Freude „komisch" aussieht?
- Ist es die Angst, wieder enttäuscht zu werden?
- Was habe ich im Laufe der Jahre über „Zuwendungen" entdeckt, erlebt, gelernt?
- Gibt es in meinem Herzen neben Gefühlen von Traurigkeit oder Wut noch Raum für die Freude?
- Richte ich mein Leben eher auf die Gegenwart aus oder liegt mein Fokus auf der Vergangenheit, die dann auch Zukunft und Gegenwart mitbestimmt?
- Kenne ich Menschen, denen ich mich öffnen und vertrauen kann?
- Bei welchen Menschen könnte ich es wagen, neu zu vertrauen?

Sich freuen im Hier und Jetzt

Wir wissen, dass Gefühle entstehen, indem wir bestimmte aktuelle Situationen von außen, oder erinnerte oder vorgestellte Situationen von innen bewerten.

Je nachdem, aus welcher Prägung unser Bewertungssystem stammt (s. o.), dementsprechend werden wir unseren „Zensor" erziehen und schulen müssen. Weniger „Vor-Urteile" sind dabei gefragt, sondern einfach mal zu beobachten und zu beschreiben, was gerade geschieht. Könnte es sein, das ich alte Urteile auf neue Situationen übertrage? Was geschieht im Hier und Jetzt? Könnte es mein Gegenüber tatsächlich gut mit mir meinen, wenn er mir etwas schenkt?

Wir dürfen lernen, im Hier und Jetzt zu leben. Die Vergangenheit ist vorbei und die Zukunft ist noch nicht da. D. h. wir lernen, unsere „alten" Gefühle (die des inneren Kindes) von den jetzigen zu unterscheiden. Dazu ist es wichtig, achtsam mit uns und unserem Gegenüber umzugehen. Was ist ganz konkret jetzt aktuell?

Alte Gefühle haben die Chance, von uns beantwortet zu werden, wenn sie dabei mit hoch kommen. Unser gesunder Menschenverstand wird uns dabei helfen zu differenzieren, was Vergangenheit ist, was Zukunft und was Gegenwart. Das Leben will von uns in der Gegenwart gelebt werden. Wenn wir uns zu 60 % in Gedanken in der Vergangenheit und zu 30 % im Grübeln in der Zukunft befinden, erleben wir das gegenwärtige Leben nur zu 10 %, und sind dadurch auch sehr „geschwächt". Es kann sich so anfühlen, als ob „das Leben an uns vorbei ginge".

Wir haben die Fähigkeit, im Hier und Jetzt Verantwortung für unser Denken, Fühlen und Handeln zu erlernen. Je mehr wir davon übernehmen, desto stabiler werden wir innerlich. Ausstieg aus dem „gelebt werden" und eine innere Freiheit sind die Folge.

Das bedeutet nicht, dass es keine Schwierigkeiten mehr in unserem Alltag gibt. Wo Menschen zusammenleben, gibt es Spannungen, aber es bedeutet, dass ich inmitten von Spannungen „ich" bleiben kann und mein Leben selbstbestimmt gestalten kann. Und das führt uns zu einem entspannteren und fröhlicheren Alltag.

Wünsche

Falls Sie sich aus Enttäuschung das Wünschen abgewöhnt haben, beginnen Sie wieder damit. Wünsche können motivieren. Sie stellen unser Funkgerät auf Empfang. Aber fixieren Sie sich dabei nicht auf eine bestimmte Art der Wunscherfüllung. Das könnte Erwartungen wecken, die gar nicht erfüllt werden können und dadurch zu Enttäuschungen führen (siehe Wunschfixierung). Geben Sie sich selbst und anderen die Möglichkeit, ihre Wünsche auf Arten zu erfüllen, die sie noch gar nicht kennen. Probieren Sie einfach mal unterschiedliche „Empfangsfrequenzen" aus. Fragen Sie andere nach ihren Wünschen und Empfangsfrequenzen. Das kann durchaus etwas Spielerisches haben, das Sie zu einer neuen Leichtigkeit führen kann. Spielerisch bedeutet in diesem Zusammenhang auch, dass Sie mehr ausprobieren, sich erlauben, Fehler zu machen, und wieder ausprobieren, Neues zu lernen. Versuchen Sie dabei weniger zu be-urteilen, sowohl sich selbst als auch Ihre Mitmenschen. Das gibt spürbare Freiräume.

Für Menschen, die sehr oft durch Menschen verletzt wurden, ist es hilfreich, sich sichere Orte zu suchen, in denen sie das „Sich-Öffnen" ausprobieren können, z. B. Seminare von Seelsorge- und Beratungsstellen.

Vielleicht ist Ihnen das Betätigungsfeld zwischenmenschliche Beziehungen noch zu schwierig oder zu anstrengend? Dann könnte die Beziehung zu einem Tier und seine Versorgung ein gutes Lernfeld sein, das Empfangen neu zu entdecken.

ÜBUNGEN, UM DAS EMPFANGEN ZU TRAINIEREN

- Gönnen Sie sich einen Spaziergang und nehmen Sie einmal bewusst wahr, was Sie alles Schönes empfangen können – mit den Augen, Ohren, Nase, Geschmack, durch Tasten, durch Bewegung.
- Versuchen Sie einmal nicht alles sofort zu beurteilen, sondern einfach mal in sich aufzunehmen und wirken zu lassen.
- Tauschen Sie mit Ihrem Partner oder mit Freunden aus, was Sie alles im letzten Jahr, im letzten Monat, in der letzten Woche, am letzten Tag oder heute empfangen haben.
- Auch für Ideen kann man empfänglich sein. Brainstorming ist so eine Art gemeinsame „geistige Empfangsbörse".
- Schenken Sie sich selbst ein Brainstorming zum Thema: Was kann alles ein Geschenk sein?

Überblick Freude

Verwandte Gefühle:
sympathisch, neugierig, begeistert, motiviert, verliebt, dankbar, fröhlich, glücklich

Ausdruck, „Aussprache“:
Lachfältchen um die Augen, breiter Mund, strahlende Augen, offene Haltung, nach außen orientiert

Auslöser, Ursachen:
ein Geschenk, ein angenehmes Aha-Erlebnis

Energieniveau:
viel Energie, die nach außen drängt

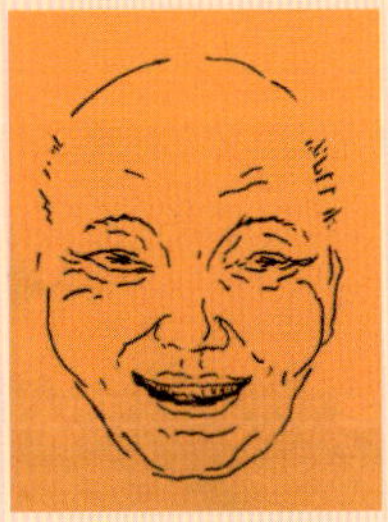

Botschaft des Gefühls:
„Ich bin wichtig, ich werde gesehen!“
„Andere sollen sich mitfreuen!“

Abwehrverhalten:
„Freude ist eh nicht von Dauer, sie zieht nur Enttäuschungen nach sich.“
„Wenn ich mich freue, muss ich es hinterher büßen.“

Gewinn, Nutzen:
Nahrung für den ganzen Menschen, sie schafft bzw. festigt Beziehungen.
Sie wirkt Sinn-stiftend.

Folgehandlung:
aktiv werden, lachen, springen, sich bewegen, erzählen

Scham

Oh Mann, ist das peinlich! Michael würde am liebsten im Erdboden versinken. Ein Kreislaufkollaps mitten in der Sitzung. Erst hatte er gedacht, das ist nichts. Ein wenig Übelkeit und ein etwas komisches Gefühl. Aber dann kamen noch Sehstörungen dazu, so ein Flimmern, und dann wurde ihm plötzlich schwarz vor Augen. Alle redeten auf ihn ein und versuchten alles, was sie wohl einmal in einem Erste-Hilfe-Kurs gelernt hatten. Sein Chef bestand darauf, einen Notarzt zu rufen. Der war natürlich wie erwartet nach siebeneinhalb Minuten wieder weg, mit einigen guten Ratschlägen und der Versicherung, dass es nichts Ernstes sei. Diese Geschichte wird ihm jetzt wohl anhängen, bis er in Rente geht: „Weißt du noch, wie der Herr Typisch damals plötzlich schlapp gemacht hat mitten in der Sitzung?" Und dann hat er auch noch richtig Angst gehabt. Das war schon komisch, so ein Gefühl, als wenn einem der Teppich unter den Füßen weggezogen wird. Jetzt weiß er, was man sich so allgemein unter „Kontrollverlust" vorstellte. Das will er wirklich nicht noch einmal erleben. Oh Mann, ist das peinlich!

Nachdem wir nun die klassischen Grundgefühle betrachtet haben, möchten wir noch ein Gefühl vorstellen, das ziemlich im Hintergrund lebt, aber sehr oft beim Umgang mir den anderen Gefühlen eine dominante Rolle spielt: die Scham. Oft ist sie es, die verhindert, dass wir unsere Gefühle ernst nehmen und zum Ausdruck bringen.

Ich schäme mich, mir ist etwas peinlich bei mir selbst oder bei jemand anderem. Die Scham versucht, etwas zu verstecken, etwas zu verdecken, was wir für schlecht oder unattraktiv an uns halten und andere nicht mitbekommen sollen. Prinzipiell ist es eine gute und gesunde Fähigkeit, etwas, was andere nicht erkennen sollen, bedecken zu können.

Aber die Scham gehört auch zu den Gefühlen, die sich unangenehm anfühlen, die wir lieber nicht empfinden wollen und deshalb kennen wir uns damit auch nicht besonders gut aus. Wir möchten Erlebnisse, bei denen wir uns schämen, einfach nicht noch einmal erleben, so wie Michael, und kämen sicherlich nicht von selbst auf die Idee, uns intensiver damit zu beschäftigen.

Michael hat sich bei seinem Kreislaufkollaps hilflos und schwach gefühlt, und er hatte richtig Angst. Und das auch noch vor seinen Kollegen und seinem Chef! Die Scham zeigt ihm deutlich, dass er diesen Menschen solch einen Einblick in sein Leben nicht gestatten möchte. Er möchte nicht als hilflos und ängstlich erscheinen.

Was ist der Sinn der Scham?

Scham entwickelt die Grenzen meiner Identität und sie ist dazu da, diese Grenzen zu bewahren. Sie hat eine Wächterfunktion zum Schutz meiner individuellen Persönlichkeitsgrenzen.

Scham ist ein Gefühl, das nur im menschlichen Miteinander entsteht. D. h. sie tritt nur im Zusammenhang mit anderen (realen oder innerlich vorgestellten) Menschen auf. Wir schämen uns, wenn Privates, das nicht für andere bestimmt ist, oder auch ganz Intimes, öffentlich wird. Die Scham betrifft weniger unser Tun als unser Sein.

Wir erleben Scham als die Tendenz, uns zu verstecken, wegzulaufen oder uns unsichtbar zu machen. Auch unser Körper wird mitunter beteiligt: Wir haben Symptome wie Schwitzen, Erröten oder innerliches Zittern. Die Intensität der Scham kann dabei sehr unterschiedlich sein. Je tiefer jemand unerlaubt in Bereiche unserer Persönlichkeit eindringt, desto unangenehmer ist es für uns.

Grenzen dienen zum Schutz

- Gesunde Grenzen schützen mich
- Grenzen umgeben ein Gebiet, einen Lebensbereich, eine Phase
- Grenzen bestimmen die Distanz und Nähe zwischen
  - Ich und Du
  - Mein und Dein

Das Erleben von Scham setzt Beziehungen voraus. Wir gehen von drei Begegnungs- oder Kontakträumen aus, in denen Beziehungen in unterschiedlicher Nähe bzw. Distanz stattfinden.

Der öffentliche Begegnungsraum betrifft die Begegnungen zwischen uns und den Menschen, die wir zufällig im Alltag treffen. Mit ihnen haben wir oberflächlichen Kontakt. Das sind die Menschen, die uns auf der Straße oder beim Einkaufen begegnen, in der Straßenbahn oder im Schwimmbad. Mit ihnen verbindet uns eine kurze Zufallsbegegnung oder eine Dienstleistung (Kassiererin), die auch von einer anderen Person erbracht werden könnte. Üblicherweise bereden wir mit Menschen aus dem öffentlichen Raum nichts Persönliches oder gar Intimes. Eher oberflächliche Gespräche über das Wetter sind der Normalfall.

Begegnen wir Menschen öfters, kann sich eine freundschaftliche Beziehung entwickeln, in der wir mehr von unserer Privatsphäre sehen lassen. Diese Menschen gehören dann zu unserem persönlichen Raum. Je stärker das Vertrauen wächst, desto näher lassen wir sie an unser „Inneres" heran. Zu unserem persönlichen Raum gehören i. d. R. Freunde, gute Nachbarn, Arbeitskollegen, Verwandtschaft, Gemeindemitglieder. Hier wird schon deutlich, dass es innerhalb des persönlichen Raumes Abstufungen gibt. Einige unserer Freunde oder Verwandten stehen mehr in der Nähe des öffentlichen Raumes, andere mehr in der Nähe des inneren oder intimen Raumes.

Bei Körperberührungen kommen wir schon deutlicher in Kontakt mit diesem inneren oder intimen Raum. Je nachdem, wer mich wie berühren darf, wird hier Scham als Wächter erlebt oder nicht. Der innere oder intime Raum ist gekennzeichnet durch alles, was sich innerhalb meiner Körpergrenzen befindet: Alles, was „unter die Haut geht"; Gefühle, Fantasien, Erinnerungen, Körperberührungen, Sex, Ideen, religiöse Ansichten, ...

Dieser Raum ist unser intimster und dadurch auch empfindlichster Besitz. Er ist der Sitz der Seele, dort befindet sich unser „Identitätskern". Werden seine Grenzen verletzt, hat dies schwerwiegendere Folgen als Grenzverletzungen im öffentlichen und privaten Raum.

Scham erscheint immer dort, wo Grenzen übertreten werden. Sie dient uns als Wächter, um auf diese Grenzübertretungen aufmerksam zu machen.

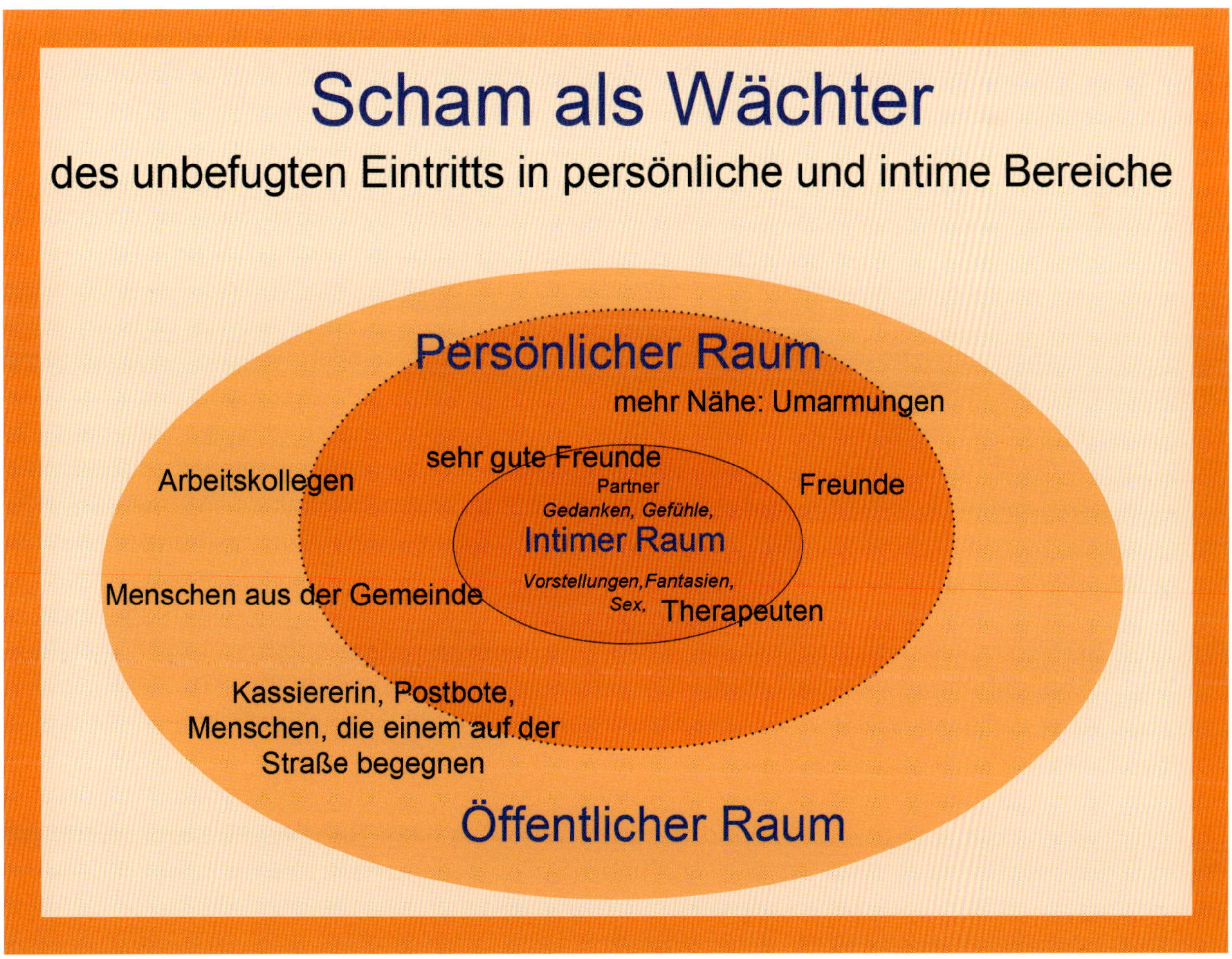

Identitätsgrenzen sind Wahrnehmungsbereiche, die uns anzeigen, wo meine Person endet und die der anderen beginnt. Entwickelt werden diese Wahrnehmungsbereiche mit zunehmendem Alter. Es gehören dazu die körperliche, emotionale und intellektuelle Beschaffenheit der eigenen Person.

Als Kinder sind wir „offen", um alles zu empfangen. Wir brauchen „Nahrung" von außen, um wachsen und uns entfalten zu können. Wir brauchen Angebote, um zu lernen, was uns gut tut und was nicht. Anfangs bestimmen hauptsächlich unsere Eltern, was uns gut tut. Und mit zunehmendem Alter lernen wir das selbst zu entscheiden. In der Phase der Pubertät stehen unsere eigenen Meinungen über das, was gut und richtig für uns ist, in Konkurrenz mit den Meinungen der Eltern. Dieser Konkurrenzkampf ist nötig, damit Heranwachsende nicht die Identität der Eltern übernehmen, sondern ihr eigenes Selbst aufbauen.

Das Eigene wird nun gegen die Eltern verteidigt, der persönliche und intime Raum wird wichtiger. Die Scham als Wächterin wird vermehrt wahrgenommen, weil sie die neugewonnene Freiheit schützen soll.

Es ist interessant, dass dieser „Kampf" genau mit der geschlechtlichen Reife zusammenfällt, wo aus Kindern auch physiologisch Erwachsene werden.

Kirsten stürmt mit den Handtüchern ins Bad, sie hat mal wieder noch fünf Dinge auf der To-do-Liste im Kopf und will nur ganz schnell ... Da hört sie ein lautes „Tür zu!" und dreht sich sofort auf dem Absatz wieder rum. Kai steht mitten im Bad, ganz nackt und trocknete sich die Haare. Sie hat gar nicht mitbekommen, dass er duscht, das ist um diese Tageszeit auch eher ungewöhnlich für Kai. Das ist nun wirklich peinlich – für beide. Sie muss sich nachher nochmals entschuldigen und Kai darum bitten, dass er doch bitte die Tür abschließt, wenn er im Bad ist.

In unserem Kulturkreis ist Nacktheit der Bereich, bei dem wir am ehesten an Scham denken. Irgendwann in der Kindheit und Pubertät entwickeln wir dieses Gefühl, dass wir nicht nackt gesehen werden möchten. Zunächst nicht von fremden Personen, und dann auch nicht mehr von Familienangehörigen.

Auch andere Lebensbereiche werden von Scham bewohnt. Es ist uns peinlich, wenn wir eine schlechte Leistung abliefern, wenn wir etwas verschütten oder sonst irgendwie schusselig sind. Das Aussehen bekommt immer mehr Bedeutung, die Zeit vor dem Spiegel bei Mädchen und Jungen nimmt zu. In dieser Zeit, in der wir unsere Persönlichkeit entwickeln und unsere Identität suchen, muss die Scham uns vor vielem bewahren, und sie hilft uns auch, neue Grenzen gegenüber unseren Mitmenschen zu behaupten. Das Bedürfnis, allein nackt im Bad zu sein, ist eine der ersten Grenzziehungen, die sich klar in der Familie zeigen.

Wem was peinlich ist, kann man nicht vorhersehen. Und man kann das auch nicht einfach abstellen. Der Satz: „Aber dafür musst du dich doch nicht schämen" oder „Das muss dir doch nicht peinlich sein" hat daher nicht wirklich Sinn, weil die Schamgrenzen individuell bei jedem Menschen unterschiedlich sind.

Jeder Mensch besitzt und braucht ein individuelles Bedürfnis nach Nähe und Distanz. Wenn wir dieses Gefühl der Scham haben – so wie wenn uns plötzlich jemand nackt sieht – dann ist das eine ganz wichtige und berechtigte Botschaft, die einen Grund und meistens auch einen Sinn hat. Es lohnt sich, dem nachzugehen und es ggf. zu verteidigen.

Wenn unsere Scham uns auffordert, eine Grenze zu benennen und einzufordern, dann sollten wir ihr prinzipiell vertrauen. Solche Grenzen sind auch in engen Beziehungen notwendig. Auch in einer Partnerschaft muss man nicht alles teilen! Auch hier sind Bedürfnisse zur Abgrenzung normal und berechtigt.

Um (auch heute noch als Erwachsener) ein gesundes Schamgefühl zu entwickeln, brauchen wir gewisse Voraussetzungen.

Unsere Eigenart, unser Eigenwille und unsere Eigenständigkeit sind eine wertvolle Grundausstattung unserer Persönlichkeit. Das JA zu uns selbst ist die Basis eines gesunden Selbstwertgefühls und damit auch zu einem gesunden Schamgefühl.

Gesunde Scham entwickelt sich in einer Umgebung, die gesunde Nähe und gute Berührung zulässt. Innerhalb eines geschützten vertrauensvollen Raumes können wir uns kennenlernen, erproben, wer wir sind und was zu uns passt. Wir können und dürfen Fehler machen und daraus lernen. Dabei wird die Intimsphäre immer zugestanden und respektiert.

Im Gegensatz dazu brauchen wir auch den Raum, der eine gesunde Abgrenzung und Distanz zulässt. Hier entwickeln wir die Fähigkeit, eigene Grenzen aufzuzeigen und zu setzen: Der eigene Wille wird gefördert und bekommt Kontur.

Wir bauen ein gesundes Schamverhalten auf, wenn wir ermutigt werden, unsere Grenzen zu erproben. Das macht uns auf längere Sicht hin zu Positionen mit Führungs- und Leitungsverantwortung fähig. Lob und konstruktive Kritik vermitteln uns Wertschätzung und lehren uns, selbst wertschätzend zu kommunizieren.

Die gesunde Scham verhilft zum eigenen individuellen Platz im Leben. Von diesem Platz aus können wir unser Leben gut gestalten und auch angemessen mit unseren Mitmenschen umgehen. Dabei lernen wir auch barmherzig mit uns selbst umzugehen.

Die gesunde Schamreaktion tritt ein, wenn

jemand meinen privaten oder intimen Raum betritt, dem ich das nicht gestatte

oder wenn

ich selbst meine eigene Schamgrenze oder die von jemand anderem übertrete.

Dann empfinde ich Scham und ich setze eine Grenze. Vielleicht ziehe ich mich dann auch aus dem „verbotenen Bereich“ zurück und entschuldige mich für das Eindringen.

Zurück zu Familie Typisch: Scham ist also ein gutes und wichtiges Gefühl. Sie zeigt Michael, dass er sich vielleicht einmal mit dem Thema: „Wieso darf ich nicht auch einmal schwach sein?“ beschäftigen sollte. Er kann die Peinlichkeit als Anstoß nehmen, sich mit seiner Angst und Hilflosigkeit zu beschäftigen, die anscheinend niemand sehen darf. Kai nutzt seine Scham, um einen wichtigen Schritt in der Ablösung von seinen Eltern zu gehen. Sie gibt ihm den Mut, deutlich neue Regeln einzufordern. Kirsten nutzt die Peinlichkeit, um das sich verändernde Verhältnis zu ihrem Sohn anzusprechen und zu klären.

FRAGEN:

- Welchen Personen gab/gebe ich Zugang zu meinem persönlichen Raum, welchen zu meinem intimen Raum?
- Möchte ich das auch in Zukunft noch so?
  - in der Realität
  - in meiner Vorstellung
- Welche Personen haben meine Schamgrenzen ungefragt übertreten oder neigen dazu?
  - in der Vergangenheit
  - in der Gegenwart

ÜBUNGEN:

Überlegen Sie sich zeitliche oder räumliche Bereiche, die nur Ihnen zugänglich und für alle anderen Menschen untersagt sind.

Wenn Sie gar keine finden, überlegen Sie sich einmal, solch einen Bereich einzurichten, z. B. durch

- Schreiben eines Tagebuchs
- Einrichten eines besonderen Ortes
- Visualisierung eines inneren Raumes, z. B. mit Hilfe der Übung zum inneren sicheren Ort (siehe Kapitel Angst).

Ungesunde Scham

Fehlt die gesunde Identitätsentwicklung, kann sich ein ungesunder Umgang mit Scham entwickeln. Wir kennen hauptsächlich zwei ungesunde Formen von Scham:

1. Bei häufiger Wiederholung von beschämenden Situationen kann der Schutzmechanismus durch zu häufige Beanspruchung zum Gefängnis werden, und der betroffene Mensch erlebt sich als minderwertig.

2. Bei fehlender Grenzentwicklung kann sich eine Schamlosigkeit entwickeln. Hier fehlt der nötige Schutzmechanismus. Häufig versuchen „grenzenlose“ Menschen, sich durch Verschmelzung mit anderen zu spüren oder sich die Identität anderer „auszuleihen“.

Scham weist uns darauf hin, dass unsere Identitätsgrenzen berührt oder sogar übertreten werden. Wenn wir diesen Hinweis aufnehmen und darauf gut reagieren können, dann ebbt das Gefühl wieder ab. Wir fühlen uns wieder wohl.

Sind wir jedoch nicht dazu in der Lage, uns konstruktiv zu wehren oder kommen die Grenzübertretungen zu häufig, kann es geschehen, dass die Scham nicht mehr abklingt, sondern sich im Gegensatz dazu immer stärker wird. Passiert das, dann wird der ursprüngliche Schutz zum Gefängnis. Die ungesunde Scham ist geboren.

Es folgen einige Beispiele, wie es zu solchen Schamgefängnissen kommen kann:

Die Beschämung

Beschämungen entstehen durch abwertende Aussagen oder abwertendes Verhalten anderer von außen. Menschen machen das schlecht, was für uns kostbar und wertvoll ist. Oder sie stellen etwas bloß, das wir nicht für andere bestimmt haben. Beschämungen beeinflussen immer unser Selbstbild. Je früher wir in unserem Leben beschämt wurden und je mehr wir davon erleben mussten, desto wahrscheinlicher ist es, dass wir uns minderwertig fühlen. Dieses Minderwertigkeitsgefühl kann zur existenziellen Scham führen.

Die existenzielle Scham

Es ist die Scham darüber, dass wir existieren. Nicht wie wir sind, ist beschämend und muss versteckt werden, sondern dass wir überhaupt da sind, ist beschämend. Uns dürfte es eigentlich gar nicht geben! Sind wir von dieser Form der Scham betroffen, versuchen wir uns in der Gegenwart anderer unsichtbar zu machen. Oder wir sind ständig dabei, uns selbst zu bekämpfen. Daraus entsteht das paradoxe Lebensmotto: „Ich darf nur da sein, wenn ich nicht mehr bin!" Ein Leben im Niemandsland zwischen leben wollen und nicht leben dürfen.

Vor- und Nachkontaktscham

Hier schämt sich der Betroffene mehr im Vorfeld eines Erlebens oder einer Situation, die evtl. peinlich werden könnte. Und/oder er schämt sich mehr im Nachhinein, wenn er an das Erlebte zurückdenkt. Das (Scham-)Ereignis oder die eventuell schamauslösende Situation wird übersprungen und meistens gar nicht bewusst wahrgenommen. Diese Situation wird vom Betroffenen im Vorfeld als Katastrophe im Kopfkino mehrfach durchgespielt, obwohl sie nicht unbedingt schamauslösenden Charakter haben muss. Oft liegt die Ursache für die Scham in dem negativen Selbstbild des Betroffenen. Es könnte mit einer übersteigerten Form von Lampenfieber verglichen werden.

Resonanzscham

Hier findet eine Vermischung von natürlicher eigener Scham mit der Scham, die zu einem anderen gehört, statt. Der Betroffene schämt sich mit jemand, er identifiziert sich mit dieser Person (einer schämt sich, ich schäme mich mit). Wir versetzen uns empathisch in die Lage eines anderen Menschen und empfinden für ihn oder mit ihm eine deutliche Scham. Wir rufen „Oh nein" oder „Wie peinlich", drehen uns weg oder versuchen den Menschen vor der Peinlichkeit zu bewahren. Vielleicht kennen Sie das unter dem Begriff „Fremdschämen". Diese Form der Scham hat für keinen der Betroffenen einen Sinn.

Stellvertretende Scham

Der von dieser Schamform Betroffene schämt sich für jemand und dabei ist sich der andere seiner Schamlosigkeit gar nicht bewusst.

Oder er bekommt die Scham vom Anderen zugewiesen:

- er schämt sich und bekomme die Schuld für seine Scham zugewiesen (das funktioniert auch über Generationen hinweg)
- und/oder übernimmt sie als seine eigene Scham vom anderen

Genauso wie wir es irgendwann als peinlich empfinden, wenn wir nackt gesehen werden, ist es uns auch peinlich, wenn wir jemand anders nackt sehen. Wir empfinden nicht nur die Überschreitung unserer eigenen Grenze, sondern auch die Überschreitung der Grenze unseres Gegenübers. Ein Reflex wäre es, den Menschen quasi zu zudecken.

Überflutende Scham

Hier geschieht es, dass sich die natürliche gesunde Scham bei ganz bestimmten Anlässen mit Beschämungserfahrungen von früher vermischt und somit Scham in übersteigertem Maße hervortritt.

Entwicklung einer Ersatzidentität

Je öfters wir ungesunde Scham erleben, desto mehr versuchen wir, auslösende Situationen zu vermeiden. Vermeidung führt hier aber, wie bei der Angst, nicht zu einer Lösung, sondern zur Verstärkung der ungesunden Mechanismen.

Wird die ungesunde Scham zu mächtig, wird sie zur krankhaften Scham. Das Innerste wird total versteckt. Da der Mensch nicht sein kann bzw. sein darf, wie er ist, baut er nach außen eine Fassade auf. Er wählt sich eine Ersatzidentität. Er wird dann beispielsweise

- ein echt cooler Typ
- eine hingebungsvolle Mutter Theresa
- ein Perfektionist
- eine Karrierefrau
- ein Entertainer
- ein klassisches Opfer

Der Betroffene wird zum Gefangenen im eigenen Dasein, seine wahre Kernidentität bleibt dabei weiterhin unterentwickelt. Der innere Mensch (je nach Alter der Beschämungen auch das innere Kind) erscheint wie eingefroren.

Abhängigkeiten und Süchte können ebenfalls an die Stelle der vernachlässigten und nicht gelebten eigenen Identität treten.

Wir können ungesunde Scham abbauen und wieder zu einem gesunden Schamverhalten finden. Dazu müssen wir das gute und selbstverständliche Dasein (wieder) entdecken und kennenlernen.

Wir können all das wiederholen oder auch erstmalig erleben, was wir bereits zur Entwicklung der gesunden Scham beschrieben haben.

Wir können es einüben, uns aus unserem Versteck heraus zu wagen und uns zu zeigen.

Schamlosigkeit

Ein mittlerweile sehr seltenes Ereignis bei Familie Typisch: Alle vier sitzen vor dem Fernseher und schauen sich gemeinsam eine Quiz-Show an. Als Musikeinlage tritt eine Band auf, die Anne unbedingt sehen wollte. Der Name der Gruppe sagt Michael und Kirsten nicht wirklich etwas. Die Musik ist aber recht eingängig und ansprechend. Wenig englischer Text dazu, der sogar zu verstehen ist. Und wenig Kleidung. Kirsten ist ziemlich empört. Das bisschen Stoff, das hier und da die Sängerin bedeckt, ist kaum als Kleid zu bezeichnen. „Das ist doch unmöglich, braucht die das, damit man ihre Musik hört?" Anne möchte das Lied hören und keine Grundsatzdiskussion dazu und sagt kurz: „Sei doch mal still, und außerdem ist das doch sexy". Beide Eltern sehen gleichzeitig zu ihrer Tochter. Man kann ihnen ansehen, dass sie sich ziemlich betroffen Anne in solch einem Outfit vorstellen. Nach dem Lied kann Kirsten nicht mehr dazu schweigen. „Also Anne, das ist doch jetzt nicht dein Ernst. Das ist doch nicht sexy, das ist ja kurz vor Softporno, einfach geschmacklos." „Ach Mama, auf ihrer Facebookseite hat die noch ganz andere Fotos, da ist das ja noch harmlos", klärt Anne ihre anscheinend sehr unwissende Mutter auf. Nun ist die Aufmerksamkeit für die Quiz-Show sehr reduziert. Vater, Mutter und Tochter diskutieren heftig über das Thema „Schamlosigkeit", und was man „heutzutage" alles in der Öffentlichkeit so von sich preisgibt usw. Kai seufzt immer wieder kurz auf und versucht, wenigstens noch einige Teile der Show mitzukriegen.

Unsere Gesellschaft erlebt in den letzten Jahren eine große Tendenz zur Scham-losigkeit. Alles Mögliche wird öffentlich gemacht und allen zur Verfügung gestellt: Der Körper, der innere Mensch mit seinen Emotionen und auch Gedanken und Meinungen. Dabei werden immer wieder sinnvolle Grenzen überschritten. Wird aber etwas öffentlich gemacht, das nicht dazu geeignet ist, gibt es kein Zurück mehr. Die Zurschaustellung von Menschen in Bildern und Texten kann große Verletzungen zur Folge haben. Das ist kein Kavaliersdelikt, auch wenn es noch nicht als Mobbing bestraft wird. Genauso kann das Öffentlichmachen der eigenen Person in Videos, Blogs oder ähnlichem das Selbst stark verletzen. Weil wir es mittlerweile so gewohnt sind, dass insbesondere Promis so unbefangen mit ihrer Persönlichkeit in der Öffentlichkeit umgehen, fällt es uns manchmal schwer, schon die Anfänge einer ungesunden Schamlosigkeit zu bemerken. Hier können eine größere Sensibilität und etwas mehr Mut zur Grenzverteidigung nur gut tun.

Der Weg zur gesunden Scham

Der Weg zur gesunden Scham geht über den Abbau von ungesunden Schamgefängnissen und den Aufbau gesunder Grenzen.

Ungesunde Scham sagt immer: „Verstecke dich! So wie du bist, bist du falsch, und andere lehnen dich ab! Zeige dich nicht, sei nicht da“! Sich zeigen und ins DASEIN kommen, ist daher schon der erste Schritt aus dem Schamgefängnis heraus. Dieses Zeigen kann bedeuten, dass ich mich zunächst einmal mir selbst zeige. Ich kann mich in aller Ruhe betrachten, mit einem Blick voller Wertschätzung und Güte.

Auf dieser Basis kann ich mich fragen, ob die beschämenden Botschaften denn tatsächlich wahr sind oder ob es Botschaften sind, die mein inneres Kind früher eingeprägt bekommen hat. Ich kann als erwachsene Person diese Beschämungen identifizieren und entkräften. Dazu muss ich die persönlichen Botschaften erkennen. Es sind oft unsere zentralen Lebenssätze:

Ich bin schlecht oder falsch, weil ich

... zu dumm, hässlich, faul, frech, unmusikalisch, ... bin

... das falsche Geschlecht habe

... überhaupt da bin

... schuld bin an der Trennung, Krankheit, Tod der Eltern

... missbraucht wurde

...

Diese beschämenden Botschaften können außerdem noch mit Schuldgefühlen verbunden sein. Kinder interpretieren Situationen und Aussagen anders als Erwachsene. Sie übernehmen häufig die Schuld für etwas, für das sie gar nichts können, und versuchen dann durch ihr Verhalten, diese Schuld wieder gut zu machen – oft ein Leben lang. Natürlich ohne Aussicht auf Erfolg. So lastet eine Verantwortung auf ihnen, die sie nicht tragen, aber auch nicht loswerden können.

Um Schuld und Scham voneinander trennen zu können, dient folgender Gedanke: Schuld kann vergeben werden, Scham nicht. Wenn es um den Bereich der Schuld geht, liegt ganz klar ein konkretes Vergehen vor. Die Scham meldet sich, wenn es um die Person geht und nicht um ihre Taten.

Die ungesunden Schambotschaften können durch Reden, Schreiben, Malen, Bewegen, ... sichtbar gemacht werden. Dadurch, dass diese Botschaften nach außen gebracht werden, werden sie sozusagen entlarvt und können uns nicht mehr aus ihrem Schamversteck heraus unbewusst beeinflussen.

All diese kreativen Methoden sind natürliche Schamfresser. Sie verhelfen uns dazu, uns zu zeigen. Manchmal ist eine Gruppe für diesen Prozess sehr hilfreich.

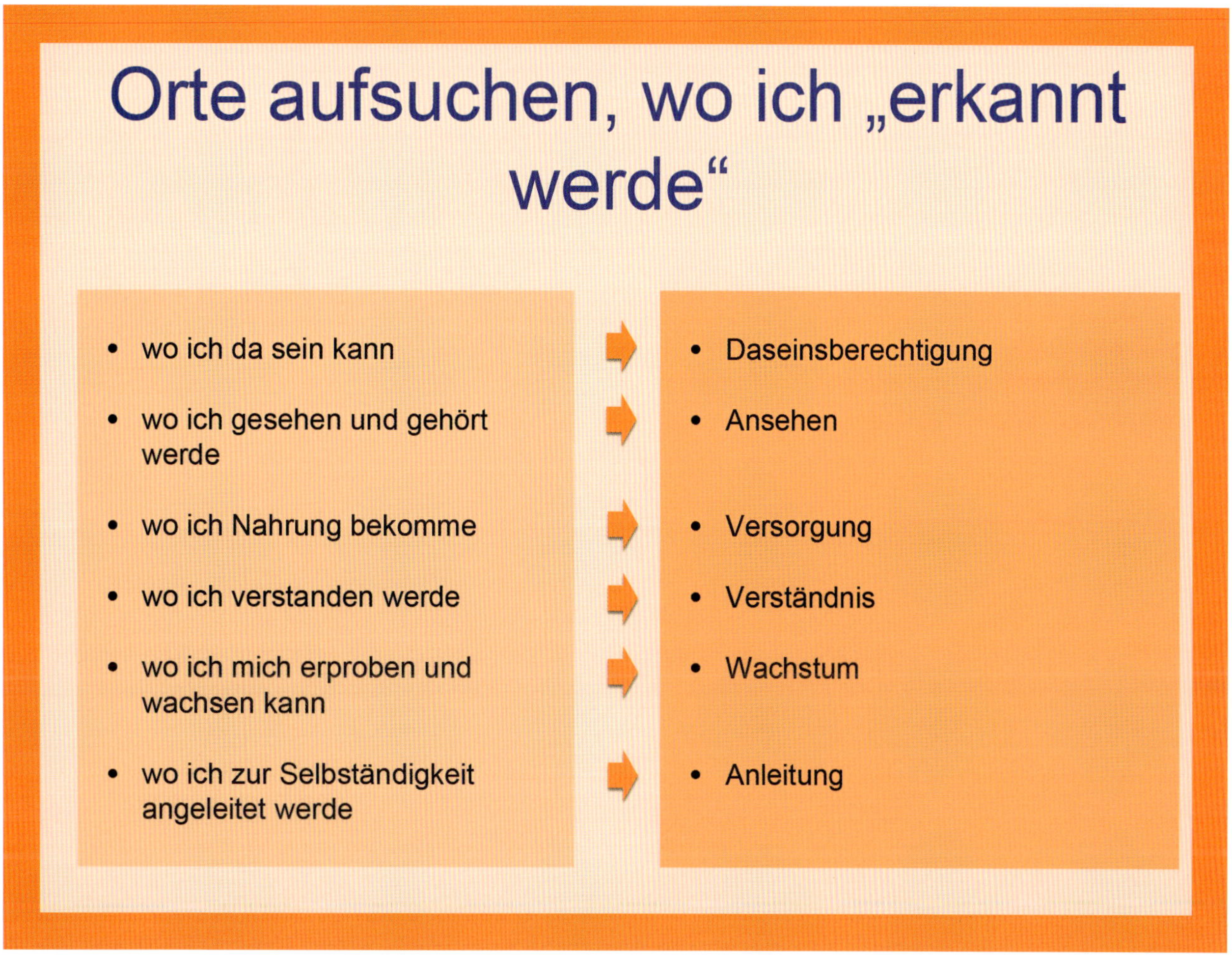

Um eine gesunde Scham zu erlernen, ist es notwendig, dass ich mit Menschen in Berührung bin, von denen ich weiß, dass sie mich nicht ausnützen und denen ich zumindest ein wenig Vertrauen entgegenbringen kann.

Sie helfen mir, an meine Grenzen zu kommen, indem sie mich sehen, hören, berühren, herausfordern und konstruktiv kritisieren.

Sie können mir Rückmeldung geben, wie sie mich wahrnehmen, und ich kann mich bei ihnen rückversichern, wo ich über ihre Grenzen gegangen bin, oder noch näher an ihre Grenzen herangehen kann.

Auch hier kann es hilfreich sein, dies im geschützten Rahmen einer Therapie oder Gruppentherapie zu erlernen.

Ent-schuldigen befreit

„Die gesunde Schamreaktion tritt ein, wenn ich meine eigene Schamgrenze oder die von jemand anderem übertrete. Dann empfinde ich Scham und ich setze eine Grenze. Vielleicht ziehe ich mich auch aus dem „verbotenen Bereich" zurück und entschuldige mich für das Eindringen." So konnten Sie das einige Seiten zuvor lesen. Nun soll noch betrachtet werden, was passiert, wenn ich die Grenzen von jemand anders übertrete und mich „schuldig" fühle bzw. schuldig mache.

Wir haben im Kapitel über die Wut und die Verletzung schon eine ganz besondere Möglichkeit der Versöhnung betrachtet. Nun geht es an die alltägliche Versöhnung. Die Frage ist, wie das funktioniert, wenn wir uns ent-schuldigen möchten, und wie es oft leider nicht funktioniert.

Michael ist gerade dabei, seinen Schreibtisch aufzuräumen. Er freut sich, dass er alles geschafft hat, was er sich für heute vorgenommen hatte. Nun will für heute Schluss machen und endlich nach Hause, es war ein langer Tag. Bevor er den Computer abschaltet, schaut er noch mal auf das Datum: Oh, nein! Er hat es vergessen, einfach vergessen. Deshalb hatte ihn Kirsten heute Morgen so sonderbar angeschaut, als er ging. Er hatte ihren Hochzeitstag vergessen, einfach vergessen. Der Klassiker! Früher hatte er solche Geschichten immer nur belächelt. Er dachte, so etwas könnte ihm nie passieren. Das schreibt man sich einfach in den Kalender und dann besorgt man einen Strauß Blumen oder ein anderes Geschenk, und reserviert rechtzeitig einen Tisch in einem etwas gehobeneren Restaurant. Und nun? Jetzt ist es für alle Möglichkeiten zu spät. Das wird ihm Kirsten nicht so einfach verzeihen. Da ist schon etwas anderes fällig als nur ein Blumenstrauß. Michael geht kopfschüttelnd zum Auto. Nun hat er noch eine knappe halbe Stunde Fahrt vor sich, um sich auszudenken, wie er Kirsten um Entschuldigung bitten kann.

Michael hat seit Monaten Stress mit seinem Chef und auch körperlich ist nicht so ganz auf der Höhe: schlechter Schlaf, Nacken- und Rückenschmerzen und so weiter. Und dann das: Er vergisst den Hochzeitstag. Das ist ihm peinlich, er schämt sich. Auch in diesem Fall ist die Scham eine sehr sinnvolle Einrichtung, denn sie motiviert Michael nun zum Handeln. Im Auto überlegt er sich alle Optionen, die ihm noch bleiben. Wir haben verschiedene Möglichkeiten, uns zu entschuldigen. Nicht immer sind sie alle passend. (vgl. G. Chapman und J. Thomas: Die fünf Sprachen des Verzeihens)

Michael ist klar, dass er sich entschuldigen muss. Das ist das einfachste und auch das häufigste, was wir dann tun, zu sagen: „Entschuldigung" oder „Das tut mir leid". Michael braucht aber auch nicht lange darüber nachzudenken, damit ihm klar wird: Das reicht heute bestimmt nicht aus. Er wird Kirsten erklären, dass es keine Absicht war, aber es auch nicht kleinreden. Michael übernimmt die volle Verantwortung für den verpatzten Hochzeitstag. Natürlich wird er ihr versprechen, dass das nicht wieder vorkommt und er wird ihr eine Wiedergutmachung anbieten, in Form eines Abendessens bei dem Sternekoch, den sie so toll findet. Und er wird sie ganz ausdrücklich noch mal um Verzeihung bitten.

Michael hat seine halbe Stunde gut genutzt und kommt mit alle diesen Vorsätzen zuhause an. Dabei hat er alle Möglichkeiten ausgeschöpft, die wir zur Entschuldigung zur Verfügung haben:

- das Eingeständnis: „Es tut mir leid"
- die Übernahme der Verantwortung: „Ja, das war mein Fehler"

- die Wiedergutmachung: Diesmal in Form eines Abendessens
- den Sinneswandel: „Ja, ich will das nicht wieder tun“
- und die ausdrückliche Bitte um Vergebung

Wenn Sie einmal die letzten Monate so betrachten, wann Sie sich entschuldigt haben, dann versuchen Sie einmal, die Entschuldigungen in dieses Schema einzuordnen. Gibt es etwas, das Sie nie machen? Gibt es etwas, das Ihnen besonders schwer fällt?

Und nun betrachten Sie das ganze Thema einmal aus der anderen Perspektive. Hat sich in letzter Zeit jemand bei Ihnen entschuldigt? Wie hat er das gemacht? War das glaubwürdig? Konnten Sie ihm leicht oder nur schwer oder gar nicht verzeihen? Was hat gefehlt?

Wenn wir verletzt werden, dann wünschen wir uns manchmal eine bestimmte Entschuldigung. Manchmal muss es einfach die Wiedergutmachung des Schadens sein. Manchmal möchte ich hören, dass der andere wirklich seine Schuld einsieht und die Verantwortung übernimmt. Und wenn jemand ständig den gleichen Fehler begeht, muss ich ihm irgendwann glauben können, dass er es nicht mit Absicht tut und sich ändern will.

Auch wenn wir alles „richtig“ gemacht haben, bei der Entschuldigung haben wir keinen Anspruch auf Vergebung. Vielleicht gibt es noch andere Baustellen, die wir mit unserem Verhalten berührt haben, und von denen wir gar nichts wissen und die eine schnelle Versöhnung verhindern. Sie haben in diesem Buch schon viel gelernt über Gefühle, wie sie entstehen und was sie mit uns machen können. Trauen Sie sich und kommen Sie darüber ins Gespräch. Fragen Sie (diplomatisch und höflich!) nach, wenn Sie das Gefühl haben, dass da etwas stört. Und üben Sie das angemessene Entschuldigen etwas – dann wird es mit der Zeit immer leichter!

Michael holt tief Luft als er den Schlüssel ins Schloss steckt, er hatte sich seinen Text nun gut überlegt. Kaum hat er die Tür geöffnet, kommt ihm Kirsten schon entgegen: „Alles Gute zum Hochzeitstag!“, sagt sie fröhlich und gibt ihm einen Kuss. Hinter Kirsten sieht Michael den gedeckten Wohnzimmertisch: Kerzen, eine Flasche Wein und kleine Häppchen. Michael ist erst mal sprachlos. Kirsten erklärt: „Nachdem du heute Morgen mal wieder so leicht verpeilt ins Büro bist ohne irgendeine Bemerkung, war mir klar, dass du unseren Hochzeitstag vergessen hast. Bis zum Mittag habe ich mich ziemlich geärgert, aber dann habe ich gedacht, dass ich dieses Jahr wohl mal für die Gestaltung unseres Hochzeitstages zuständig bin. Ich dachte, wir machen uns einen schönen Abend hier. Kai ist im Kino und Anne bei Leon.“ Michael fällt ein Stein vom Herzen. Kirsten und er haben einen ganz entspannten Abend zuhause. Michael berichtet von seiner einstudierten Entschuldigung und sie reden noch ein wenig darüber, wie sie in nächster Zeit etwas mehr Zeit gemeinsam verbringen können.

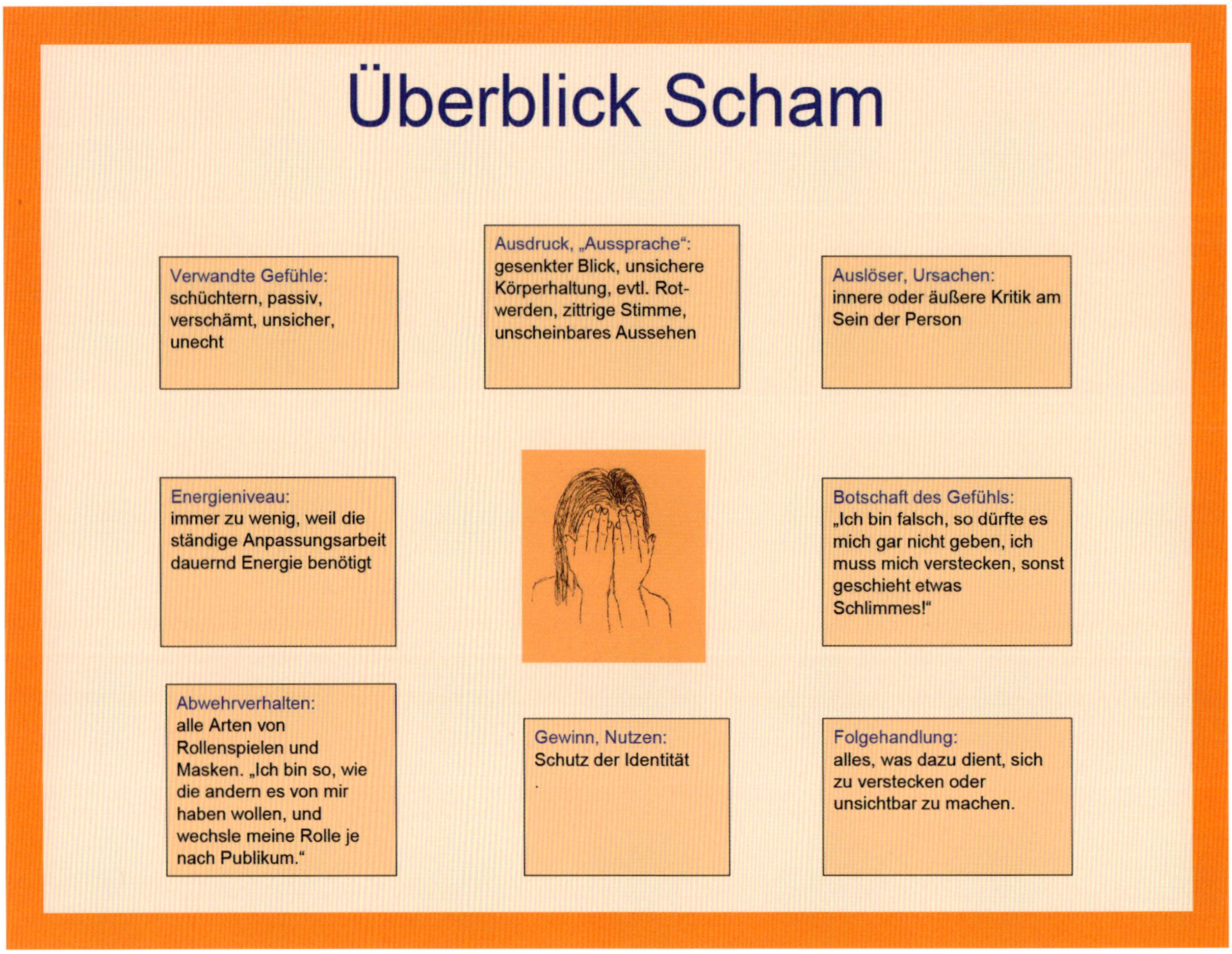
Überblick Scham
Verwandte Gefühle:
schüchtern, passiv, verschämt, unsicher, unecht
Ausdruck, „Aussprache“:
gesenkter Blick, unsichere Körperhaltung, evtl. Rot-werden, zittrige Stimme, unscheinbares Aussehen
Auslöser, Ursachen:
innere oder äußere Kritik am Sein der Person
Energieniveau:
immer zu wenig, weil die ständige Anpassungsarbeit dauernd Energie benötigt
Botschaft des Gefühls:
„Ich bin falsch, so dürfte es mich gar nicht geben, ich muss mich verstecken, sonst geschieht etwas Schlimmes!“
Abwehrverhalten:
alle Arten von Rollenspielen und Masken. „Ich bin so, wie die andern es von mir haben wollen, und wechsle meine Rolle je nach Publikum.“
Gewinn, Nutzen:
Schutz der Identität
Folgehandlung:
alles, was dazu dient, sich zu verstecken oder unsichtbar zu machen.

Anstelle eines Nachwortes

Ein Gefühl ist wie ein Kind,
das in uns lebt und weint und lacht,
Hunger hat und bemerkt sein will.
Wer zu seinen Gefühlen zu oft sagt:
„Sei still, ich habe jetzt keine Zeit für dich“,
dessen inneres Kind sitzt eines Tages
in einer vergessenen Ecke und trauert,
wird krank und verkümmert.

Mit Gefühlen soll man umgehen
wie man mit einem Kind umgeht.
Man sieht ihm freundlich zu und aufmerksam.
Man hört, was es klagt,
man leidet mit ihm, wenn es leidet.
Denn Gefühle sind die lebendigsten Kräfte in uns,
und keine andere Kraft in uns
bringt so Lebendiges hervor.

Ein Kind hat auch Wunsche,
berechtigte, gute, schöne,
die nicht zu erfüllen sind.
Dann nehmen wir es auf den Arm
und sind mit ihm traurig.
Aber wir schicken es nicht weg.
Ein Kind kann verstehen,
dass es nicht alles haben kann.
Aber lieben muss man es,
ihm Mut geben und Fröhlichkeit,
und Raum, seine Kräfte zu regen.

aus: „Was bleibt, stiften die Liebenden“ von Jörg Zink[5]

Zum Schluss

Medien

Hier kommen Bücher und Filme, die wir entweder im Text erwähnt haben oder als Ergänzung empfehlen möchten:

Gefühle allgemein:

- Baer, Udo/Frick-Baer, Gabriele: Das ABC der Gefühle.
  Beltz Verlag, Weinheim und Basel 2008

- Baer, Udo/Frick-Baer, Gabriele: Bibliothek der Gefühle Band 1–8.
  Affenkönig Verlag, Neukirchen-Vluyn ab 2002

- Bradshaw, John: Das Kind in uns.
  Droemersche Verlagsanstalt Th. Knaur Nachf., München 1994

- Goleman, Daniel: Emotionale Intelligenz.
  Deutscher Taschenbuch Verlag GmbH & Co. KG, München 1998

- McClure Goulding, Mary/Goulding, Robert L.: Neuentscheidung.
  Klett-Cotta, Stuttgart 1999

- Huber, Michaela: Der innere Garten.
  Junfermann Verlag, Paderborn 2006

- Mühlan, Eberhard/Schröter, Andreas: Total fertig oder voll gut drauf?
  Schulte & Gerth, Asslar 1996

- Reddemann, Luise: Imagination als heilsame Kraft.
  Pfeiffer bei Klett-Cotta, Stuttgart 2001

- Schellenbaum, Peter: Die Wunde der Ungeliebten.
  Deutscher Taschenbuch Verlag GmbH & Co. KG, München 1998

- Snunit, Michal/Golomb, Na'ama: Der Seelenvogel.
  Carlsen Verlag, 1991

- Stavemann, Harlich H.: Im Gefühlsdschungel.
  Beltz Verlag

- Wilson-Schaef, Anne: Die Flucht vor Nähe.
  Deutscher Taschenbuch Verlag GmbH & Co. KG, München 2008

- DVD:
  - The Kid
  - Alles steht Kopf
  - Saving Mr. Banks
  - Noel

Zufriedenheit:

- Csikszentmihályi, Mihály: Flow – Das Geheimnis des Glücks.
  Klett-Cotta, Stuttgart 2004

- Scheurmann, Erich: Der Papalagi.
  Tanner + Staehelin Verlag, Zürich 1980

- DVD:
  – Mein Freund Harvey
  – Babettes Fest

Wut:

- Baer, Udo/Frick-Baer, Gabriele: Bibliothek der Gefühle Band 6, Der kleine Ärger und die große Wut.
  Affenkönig Verlag, Neukirchen-Vluyn 2005

- Moosig, Karlheinz: Streiten – Aber fair.
  Herder Spektrum, Freiburg Basel Wien 2003

- Warren, Neil Clark: Wohin mit der Wut im Bauch.
  Schulte & Gerth, Asslar 1994

- DVD:
  – Freedom Writers
  – Antwone Fischer
  – Invictus (Versöhnung)
  – Amish Grace (Versöhnung)

Angst:

- Baer, Udo/Frick-Baer, Gabriele: Bibliothek der Gefühle Band 9, Gefühlslandschaft Angst.
  Affenkönig Verlag, Neukirchen-Vluyn ab 2002

- Hennenhofer, Gerd/Heil, Klaus D.: Angst überwinden.
  Rowohlt Taschenbuch Verlag, Reinbek 1975

- Popp, Georg: Die Macht der kleinen Schritte.
  Quell Verlag, Stuttgart 1984

- Riemann, Fritz: Grundformen der Angst.
  Ernst Reinhard Verlag, München Basel 1987

- DVD:
  – Angsthasen
  – Shine
  – The King's Speech

Trauer:

- Albom, Mitch: Dienstags bei Morrie.
  Goldmann, 2002

- Baer, Udo/Frick-Baer, Gabriele: Bibliothek der Gefühle Band 5, Vom Trauern und Loslassen.
  Affenkönig Verlag, Neukirchen-Vluyn ab 2002

- Broeckhoven, Diane: Ein Tag mit Herrn Jules.
  Rowohlt Taschenbuch Verlag, Reinbek 2006

- Canacakis, Jorgos: Ich sehe deine Tränen.
  Kreuz Verlag, Stuttgart 1990

- Canacakis, Jorgos: Ich begleite dich durch deine Trauer.
  Kreuz Verlag, Stuttgart 1987

- Kast, Verena: Trauern.
  Kreuz Verlag, Stuttgart 1982

- Holzmann, Angela: Ein Buch für die L(i)ebenden - Trauernotizbuch.
  Don Bosco Medien GmbH, München 2010

- Schmitt, Eric-Emmanuel: Oskar und die Dame in Rosa.
  Ammann Verlag, Berlin 2003

- DVD:
  – Dienstags bei Morrie
  – Simon Birch
  – P. S. Ich liebe dich
  – Das Beste kommt zum Schluss
  – Das ultimative Geschenk
  – Amish Grace

Freude:

- Chapman, Gary: Die fünf Sprachen der Liebe.
  Francke Buchhandlung GmbH, Marburg an der Lahn 2005

- Kast, Verena: Freude, Inspiration, Hoffnung.
  Deutscher Taschenbuch Verlag GmbH & Co. KG, München 1998

- Knippenkötter: „Ein Kind ist uns geschenkt“ aus Wolfgang Erk: Warten auf Ihn.
  Radius Verlag GmbH, Stuttgart 1981

- DVD:
  – Hector und die Reise ins Glück
  – Babettes Fest

Scham:

- Baer, Udo/Frick-Baer, Gabriele: Bibliothek der Gefühle Band 4, Vom Schämen und Beschämt werden.
  Beltz Verlag, Weinheim und Basel 2008

- Bradshaw, John: Wenn Scham krank macht.
  Droemersche Verlagsanstalt Th. Knaur Nachf., München 1993

- Chapman, Gary/Thomas, Jennifer: Die fünf Sprachen des Verzeihens.
  Francke Buchhandlung

- Grabe, Martin: Lebenskunst Vergebung.
  Francke Buchhandlung

- DVD:
  – Liebe auf den zweiten Blick

Endnoten

[1] Michy Reincke, www.michyreincke.de, Musiker, Komponist & Texter.

[2] Udo Baer/Gabriela Frick-Baer, ABC der Gefühle, 2008 Verlagsgruppe Beltz, Weinheim und Basel.

[3] Übungsanleitung des Geistlichen Zentrums der Erzdiözese Freiburg.

[4] Übung abgedruckt in: Luise Reddemann. Imagination als heilsame Kraft. Zur Behandlung von Traumafolgen mit ressourcenorientierten Verfahren. Unter Mitarbeit v. Veronika Engl, Susanne Lücke und Cornelia Appel-Ramb. Klett-Cotta (Leben lernen Nr. 141) Stuttgart 2001.

[5] Jörg Zink, „Ein Gefühl ist wie ein Kind ...", aus: Ders., Was bleibt, stiften die Liebenden © KREUZ VERLAG in der Verlag Herder GmbH, Freiburg i. Br. 2005, S. 17.

Notizen

Notizen